AF289826

Bibliografische Information der Deutschen Nationalbibliothek:

Die Deutsche Nationalbibliothek verzeichnet diese Publikation in der Deutschen Nationalbibliografie; detaillierte bibliografische Daten sind im Internet über http://dnb.d-nb.de abrufbar.

Impressum:

Copyright © 2014 ScienceFactory

Ein Imprint der GRIN Verlags GmbH

Druck und Bindung: Books on Demand GmbH, Norderstedt, Germany

Coverbild: pixabay.com

Sexualpädagogik in den Medien.

Von Dr. Sommer bis zur „Sexualerziehung 2.0" im Internet

Vom Einfluss der modernen Pornographie auf das Sexual- und Selbstempfinden im 21. Jahrhundert

Sexualpädagogik im Wandel der Zeit

Elisabeth Czok

2006

Es gibt etwas, was ich nicht weiß,

aber wissen sollte.

Ich weiß nicht, was ich nicht weiß,

obwohl ich es wissen sollte.

Ich könnte den Eindruck erwecken, ich sei dumm,

wenn ich weder weiß,

was ich nicht weiß,

noch was ich wissen sollte.

Deshalb gebe ich vor es zu wissen.

Das ist zermürbend,

weil ich nicht weiß, was ich vorgeben muss zu wissen.

Deshalb gebe ich vor, alles zu wissen.

Ich glaube, du weißt, was ich wissen sollte,

aber du kannst mir nicht sagen, was es ist,

weil du nicht weißt, dass ich nicht weiß, was es ist.

Vielleicht weißt du tatsächlich etwas, was ich nicht weiß,

aber du weißt nicht, dass ich es nicht weiß,

und ich kann es dir nicht sagen. Deshalb musst du mir alles sagen.

Aus *KNOTEN* von R:D: Laing

1.Einleitung

Sexualerziehung, bzw. sexuelle Aufklärung, ist definiert als „die geschlechtliche Erziehung von Kindern, Jugendlichen und Erwachsenen"[1] und beruht auf der „Weitergabe von Informationen über Sexualität"[2].

Es beinhaltet Informationen über:

- „(den) menschlichen Körper und seine Funktion, Anatomie von Mann und Frau, anatomische Veränderung während des Wachstum und in der Pubertät.

- Erotik und Liebesleben, Sexualität, Zeugung, Schwangerschaft, Geburt, Stillen, Ehe, Eltern, Kinder

- allgemeine Körperhygiene und Sexualhygiene oder Intimpflege, das Verhüten von Ansteckung mit Geschlechtskrankheiten, Schwangerschaftsverhütung, Familienplanung.

- Sexualität als Kulturverhalten, gesellschaftliche Norm und die Abweichung von ihnen"[3].

Das Ziel, ist eine als "richtig" empfundene Sexualmoral zu entwickeln, die eine Ausübung des angeborenen Sexualtriebs im Einklang mit der jeweiligen Kultur erlaubt.[4]

So wird Sexualerziehung heute definiert. Es ist ein Thema, das in unserer Zeit nicht mehr weg zu denken ist. Doch das war nicht immer so. Sexualerziehung, bzw. sexuelle Aufklärung, wie wir sie heute kennen, ist erst seit ca. 40 Jahren zu einem festen Bestandteil unserer Erziehung geworden. Vor 200 Jahren war sie völlig unbekannt. Sie war etwas Selbstverständliches und ergab sich von selbst. Durch ein offenes Leben mit Mensch und Tier, ohne Scham und Verbote, boten

---

[1] http://www.paradisi.de/Lexikon/S/Sexuelle_Aufklaerung/

[2] http://de.wikipedia.org/wiki/Sexuelle_Aufkl%C3%A4rung

[3] http://www.paradisi.de/Lexikon/S/Sexuelle_Aufklaerung/

[4] Vgl.: ebd.

sich Kindern schon allein durch die Beobachtung in ihrem Umfeld genügend Möglichkeiten sich selbst aufzuklären.

In dieser Ausarbeitung werde ich mich mit der Problematik und den Veränderungen der Sexualerziehung von Kindern und Jugendlichen befassen, wobei ich auf drei verschiedene Formen der Sexualerziehung eingehen werde,

- die negative Sexualerziehung
- die scheinaffirmative Sexualerziehung und
- die emanzipatorische Sexualerziehung

die vom 18.Jahrhundert bis in unsere heutige Zeit reichen. Beginnen werde ich mit einem kurzen Einblick ins Mittelalter und Altertum, wo die Sexualerziehung für den Menschen noch ohne jegliche Bedeutung war. Danach werde ich auf das 18. Jahrhundert eingehen, der Zeit der negativen Sexualerziehung, in der die Sexualität am stärksten tabuisiert wurde. Im weiteren Verlauf folgt ein Einblick in die scheinaffirmative Sexualerziehung, die den kommenden Wandel des Menschen in Bezug auf die Sexualität ankündigt. Im Anschluss darauf folgt die emanzipatorische Sexualerziehung. Zum Schluss gebe ich ein kurzes Fazit

2. Sexualerziehung im Altertum und Mittelalter

Im Altertum und Mittelalter ist Sexualität ein fester Bestandteil des Lebens. Nichts Besonderes, nichts Problematisches, nichts, dem besondere Aufmerksamkeit gebührt hätte. Sexuelles Wissen ist etwas Selbstverständliches, und mit derselben Selbstverständlichkeit kann es auch erworben werden. Kinder leben nicht in einer eigenen, geschützten Welt, sondern sind Teil der Erwachsenenwelt. Somit ist es nichts Ungewöhnliches, wenn sie an Arbeits- und Freizeitaktivitäten der Erwachsenen teilnehmen. Der Großteil der Bevölkerung lebt auf dem Land, was Kindern genügend Gelegenheit bietet, Tiere bei der Fortpflanzung zu beobachten. Familien baden und schlafen oft unbekleidet gemeinsam. Brautwerbung und Schwangerschaft sind ein offenes Thema, an dem jeder teilnehmen kann, Frauen bringen ihre Kinder im eigenen Haus zur

Welt. Es gibt keine ausgesprochene Privatsphäre, wodurch Schamgefühle und Verlegenheit im Zusammenhang mit den natürlichen Körperfunktionen nur selten auftreten. Sexuelle Dinge sind nichts Geheimnisvolles. Mit Beginn der Pubertät gelten Jungen wie auch Mädchen als heiratsfähig. In Lehrbüchern für Kinder wird Sexualität offen behandelt. Es ist ein fester Bestandteil des täglichen Lebens, mit demselben Stellenwert wie alle anderen Dingen vom allgemeinen Interesse.

Im Laufe der folgenden Jahrhunderte ändert sich die Einstellung der Menschen jedoch gravierend. Die Kindheit wird zur besonderen, „unschuldigen" Lebensphase auserkoren, in der es gilt, die jungen Menschen vor den Versuchungen der Erwachsenenwelt zu schützen. Im Verlauf der Jahre wird diese Regelung auch auf das Jugendalter übertragen. Es macht sich eine Prüderie breit, die alles Sexuelle für schmutzig und gefährlich erklärt. [5] Masturbation wird als „... ernsthafte() Gefahr für die Gesundheit"[6] definiert. „... Sexualität [wird] zu einem mysteriösen und zutiefst verwirrenden Thema".[7]

3. Negative Sexualerziehung

Negative Sexualerziehung hat ihren Ursprung im 18. Jahrhundert und hat ihre Auswirkungen bis in die 1950er Jahre hinein. Sie ist auch als „repressive", „unterdrückende" oder „autoritäre Sexualerziehung" bekannt. Die menschliche Sexualität ist zu dieser Zeit ein öffentliches Tabuthema. Der Begriff der negativen Sexualerziehung ist auf Rousseau zurückzuführen. Er beschreibt „eine Pädagogik, die den Zögling vor Einflüssen der Zivilisation streng abschirmt"[8].

---

[5] Vgl.:http://www2.huberlin.de/sexology/ATLAS_DE/html/sexuelle_aufklaerung_und_erzie.h
    tml

[6] Ebd.

[7] Ebd.

[8] Koch, Friedrich: Sexualaufklärung in Deutschland. Dokumentation der 1. Europäischen
    Fachtagung „Sexualaufklärung für Jugendliche" der BzgA, S.17.

„...Die Hauptsache [liegt] nicht darin, die Gedanken auf das Sexuelle hinzulenken, sondern sie davon abzulenken".[9]

Kinder und Jugendliche werden von der Sexualität ferngehalten, sexuelle Vorgänge werden lediglich umschrieben. In Schulbüchern wird der Mensch als geschlechtsloses Wesen dargestellt. In der Erziehung soll nur das Notwendigste erwähnt werden. Auf diese Weise sollen „... alle diejenigen Charakterkräfte und Gewohnheiten ... [geweckt werden], welche den jungen Menschen von selbst in die richtige geistige Haltung gegenüber den erwachenden Trieben setzen"[10]. Die negative Sexualerziehung zeichnet sich vor allem auch durch ihre ängstliche Einstellung zur Sexualität aus. Um das Kind vor möglichen sexuellen Handlungen fernzuhalten, werden Angst- und Ekelgefühle geweckt, mögliche Gefahren werden immer wieder betont. Im Vordergrund steht die „Reproduktion". Sexualität soll ausschließlich der Fortpflanzung dienen und auf die Ehe beschränkt bleiben, womit die Ehe und die Gründung einer Familie das oberste Ziel jeder Erziehung ist.[11] Vor allem Frauen leiden unter den Tabuisierungen dieser Zeit. Ihre Sexualität wird allein auf Ehe, Schwangerschaft und Mutterschaft begrenzt.[12] Selbst die Sexualität in der Ehe unterliegt klaren Regeln und muss „auf das Wesentliche" beschränkt bleiben. „Einzig der genitalreduzierte, d.h. auf die Benutzung der Genitalien unter Ausschluss aller sonstiger Liebesspiele und Zärtlichkeiten verkürzte Koitus [ist] gestattet, der so zu erfolgen [hat], dass die Aussicht auf Befruchtung in keiner Weise beeinträchtigt [wird]. [13] Normal und wohlerzogen soll[...] [die Frau] selbst in der Ehe keinerlei sexuelle Bedürfnisse und beim Geschlechtsverkehr keine

---

[9] Koch, Friedrich: Sexualpädagogik und politische Erziehung. München 1975, S.19.

[10] Ebd.

[11] Vgl. Koch, Friedrich: Sexualaufklärung in Deutschland. A.a.O., S.18f.

[12] Vgl. http://de.wikipedia.org/wiki/Sexuelle_Aufkl%C3%A4rung

[13] Kluge, Norbert (Hrsg.): Handbuch der Sexualpädagogik. Band 1.Grundfragen der Sexualpädagogik im multidisziplinären Zusammenhang und im internationalen Vergleich. 1984 Düsseldorf, S.159f.

Empfindungen kennen, soll[…] passiv den Akt erdulden, um ihrem Gatten zu Willen zu sein und der Mutterschaft teilhaftig zu werden.[14] Fortpflanzung ist der offizielle Zweck der Ehe, und die Befriedigung des Geschlechtstriebes [gilt] als ein für den Einzelmenschen und die Gesellschaft höchst gefährlich bewerteter, teuflischer Trieb. Sexuallust [wird] einzig als übles, aber leider notwendiges Mittel zur Fortpflanzung zugelassen."[15]

3.1. Sexualerziehung in der Kindheit

Kinder werden in der anthropologischen Sichtweise der negativen Sexualerziehung als „engelsgleiche Wesen ohne Genitale – [und] was den Sexualbereich angeht – ohne affektive und kognitive Bedürfnisse"[16] betrachtet. Sie sind Asexuelle, noch nicht zeugungsfähige Wesen. Jungen entwickeln ihren Geschlechstrieb erst mit Eintritt der Pubertät. Beim Mädchen ist es sogar möglich das dieser erst in der Ehe zum Vorschein kommt[17], allerdings nur unter der Bedingung, dass „… das Mädchen durch eine gute, abschirmende, behütende Erziehung gegen verführerische Einflüsse von außen geschützt [wird]"[18]. Mit dieser Auffassung von kindlicher Sexualität fällt es nur sehr schwer, einem Kind eine eigene Sexualität zuzugestehen. Rousseau war der Ansicht, dass jedes Kind „in einem ‚natürlichen' Zustand ‚heiliger Unschuld' geboren [werde], der möglichst lange zu erhalten sei"[19]. Um die Wahrung dieser Unschuld sichern zu können, gehört das Fernhalten und Ablenken zu den Prinzipien und Methoden der kindlichen Erziehung. Die sexuelle Aufklärung des Kindes wird immer wieder auf einen späteren, noch unbekannten, Zeitpunkt verschoben. Gelingt dies nicht, werden auf Empfehlung von Rousseau, um Unschuld und Harmonie des Kindes zu wahren, durch Erzählungen von „Horrorgeburten", schmerzhaften

---

[14]Ebd., S.163.

[15] Ebd., S.159f.

[16] Ebd., S.18.

[17] Vgl. ebd., S.164.

[18] Ebd.

[19] http://www2.hu-berlin.de/sexology/ATLAS_DE/html/sexuelle_aufklaerung_und_erzie.html

Zeugungen und Berichten von sexueller Gewalt Angst- und Ekelgefühle im Kind geweckt, die es auf diese Weise ebenfalls von einem Interesse an der Sexualität und möglichen sexuellen Gedankengängen fernhalten.[20]

3.2. Sexualerziehung in der Jugend

Sexualität dient allein der Reproduktion und ist Teil der mustergültigen Ehe, um die Gründung einer Familie zu ermöglichen. Natürlich wird bei Jugendlichen ein starkes Interesse an der Sexualität deutlich, es ist das „Erwachen der Sexualität"[21], wie es zu dieser Zeit auch beschrieben wird. Doch wird Sexualität in der Jugend auch mit Gefahr verbunden, mit einem Naturtrieb, den es durch Überwachung und wenn nötig auch durch Bestrafung zu verdrängen, bestenfalls völlig auszuschalten gilt. Berichte über Geschlechtskrankheiten sollen die Jugendlichen vor vorehelichem Geschlechtsverkehr abschrecken.[22] Auch die Masturbation wird in der negativen Sexualerziehung nicht geduldet. „Das voreheliche Leben [wird] als ein Übungsfeld zum Erlernen von Selbstbeherrschung, Opferbereitschaft und Entsagung aufgefasst."[23] Es ist Aufgabe der Erzieher, dafür zu sorgen, „dass sexuelle Befriedigung nicht zustande kommt und von der Sexualität wegerzogen wird"[24]. Indirekte Methoden wie Ordnung halten, Fasten und Schweigeübungen sollen dabei Hilfestellung leisten, dem inneren Drang zur Selbstbefriedigung entgegen zu wirken[25] und somit „die animalischen Zustände und Bedürfnisse im Zaum zu halten und zur Unterwerfung zu zwingen"[26]

---

[20] Vgl. Koch, Friedrich: Sexualaufklärung in Deutschland. A.a.O., S.18.

[21] Ebd.

[22] Vgl. ebd., S.19.

[23] Bloch, Karl Heinz. Masturbation und Sexualerziehung in Vergangenheit und Gegenwart. Ein kritischer Literaturbericht. Frankfurt am Main 1989, S.383.

[24] Ebd.

[25] Vgl. Koch, Friedrich: Sexualpädagogik und politische Erziehung. München 1975, S.19.

[26] Ebd.

Auch in den Jahren nach 1945 bleibt sexuelle Aufklärung als Tabuthema bestehen. Zeitzeugen berichten, dass die sexuelle Aufklärung als Thema in ihrem Elternhaus verboten ist. Dort wo sie stattfindet, ist sie eine Ausnahme, die lediglich „der damals modern eingestellten Mutter zugeschrieben"[27] wird. Die Allgemeinheit der Kinder und Jugendlichen lebt mit einer Unwissenheit gegenüber ihrer Sexualität. Aufklärung findet in ihrem Elternhaus nicht statt.

„*Frau H. (Jg.1925)* erinnert, dass – gemäß der damaligen Konvention – der erste Mann, mit dem sie sexuell verkehrte, gleichzeitig ihr zukünftiger Ehemann war. Erst aus einem Aufklärungsbuch hätte sie sich als 24-Jährige über die Funktion der männlichen Sexualität informiert, da sie über keinerlei diesbezügliches Wissen verfügte."[28]

„*Frau D. (Jg. 1922)* berichtet, dass sie ,kaum' aufgeklärt worden sei und vor der Ehe keine sexuellen Erfahrungen gehabe habe. Die Scheu, mit einem Mann vor der Ehe intim zu werden und die Furcht, schwanger zu werden, sieht sie als einen Teil der damaligen Erziehung [...] Schließlich sei sie aber sofort nach der Eheschließung – resultierend aus der Unaufgeklärtheit – schwanger geworden."[29]

Besonders für Mädchen ist der Beginn der Pubertät durch die fehlende Aufklärung mit Problemen verbunden. Der Eintritt der ersten Menstruation ist für viele von ihnen ein Schockerlebnis und, geprägt durch das gesellschaftliche Verständnis von Sexualität, nicht selten mit Ekelgefühlen verbunden. Mit ihren körperlichen Veränderungen sind sie auf sich alleine gestellt.[30] Sie wissen nicht,

---

[27] Kral, Silke: Brennpunkt Familie: 1945 bis 1965. Sexualität, Abtreibungen und Vergewaltigungen im Spannungsfeld zwischen Intimität und Öffentlichkeit. Marburg 2004, S.48.
[28] Ebd.
[29] Ebd.
[30] Vgl. ebd., S.49.

was es bedeutet, „eine Frau zu sein, schwanger zu werden, eine Ehe zu führen und eine Familie zu gründen"[31]

„*Frau C. (Jg.1921)* hatte als ledige junge Frau während des Krieges mit einem Soldaten ein sexuelles Verhältnis. Dieser musste an die Front und wollte sie – schwanger geworden – nicht heiraten. Und zuhause setzte man sie aufgrund der von der Gesellschaft gedeuteten Schande der nichtehelichen Mutterschaft vor die Tür. Nach der Entbindung wäre es ihrer Mutter lieb gewesen, wenn das Kind tot gewesen wäre, um der Tochter – und möglicherweise auch sich selbst – die gesellschaftliche Verleumdung zu ersparen."[32]

Ungewollte Schwangerschaften stellen bei den Frauen in der Nachkriegsjahren keine Einzelfälle dar, doch bleibt auch bei den Zeitzeuginnenberichten vieles unklar. „Und nur am Rande wird von den Zeitzeuginnen erwähnt, dass manches ihrer Kinder ungeplant war."[33]

4. Scheinaffirmative Sexualerziehung

Die scheinaffirmative Sexualerziehung ist der Nachfolger der negativen Sexualerziehung. Sie hat 1968 ihren Höhepunkt erreicht und ist auch als „scheinliberale", „pseudodemokratische" oder „scheinbar bejahende Sexualerziehung" bekannt. Sie stellt die negative Sexualerziehung in einer abgeschwächten Form dar. Sexualität wird nicht mehr ganzheitlich tabuisiert, doch die Grundprinzipien der Erziehung bleiben genau genommen dieselben. Das Ziel Ehe und Familie, das in der negativen Sexualerziehung das oberste Ziel jeder Erziehung darstellte, bleibt auch in der scheinaffirmativen Erziehung erhalten, allerdings in einer abgeschwächten Variante. Vorehelicher Geschlechtsverkehr bedeutet jetzt nicht mehr das Versagen einer Erziehung, es ist den Jugendlichen erlaubt, jedoch auch nur unter der Bedingungen, dass sie

---

[31] Ebd.
[32] Ebd., S.51.
[33] Ebd., S.49.

„reif"[34] genug dafür sind und es sich dabei um eine „Beziehung auf Dauer"[35] handelt, sprich eine Beziehung, die die Eheschließung zum Ziel hat. Auch die Masturbation wird weitestgehend akzeptiert, „nämlich als ‚vorübergehende Erscheinung' in der Entwicklung junger Menschen"[36] mit der Einschränkung, dass sie „nicht zu häufig betrieben werde"[37], da es auf Grund zu häufiger Masturbation dennoch zu physischen und psychischen Schäden kommen kann. Eine genaue Definition von „nicht zu häufig" wird dabei allerdings nicht gegeben. Auch die Homosexualität wird legalisiert. Homosexuelle gelten nicht mehr als Kriminelle, die mit einem strafrechtlichen Verfahren rechnen müssen, wenn ihre sexuelle Orientierung an die Öffentlichkeit gelangt. Es ist Teil der scheinaffirmativen Erziehung, ihm Hilfestellung zu leisten, indem man ihn dazu „ermuntert, sich einem Seelsorger oder Psychiater anzuvertrauen"[38].

4.1. Sexualerziehung in der Kindheit

Die scheinaffirmative Erziehung gesteht dem Kind ein Recht auf Sexualität und Aufklärung zu, jedoch nur in sehr eingeschränkter Form. Zwar wird erkannt, dass die Erziehungsprinzipien der negativen Sexualerziehung, dem Kind Angst zu machen, sodass es Sexualität mit Gefahr und Schmerzen in Verbindung setzt, falsch ist, doch ist es immer noch Teil der Erziehung, von emotionalen und genitalen Bereichen abzulenken. Das Recht des Kindes auf Informationen umfasst in der scheinaffirmativen Sexualerziehung nur die Informationen auf kognitiver Seite. Das Wissen, das dem Kind zugestanden wird, wird auf die Körperkenntnis, den Unterschied zwischen Mann und Frau, Schwangerschaft und Geburt reduziert. In Ausnahmefällen wird dem Kind der Zeugungsvorgang erklärt. Das Ziel der Erziehung ist es, dass das Kind über Körperkenntnisse

---

[34] Koch, Friedrich: Sexualaufklärung in Deutschland. A.a.O., S.20.
[35] Ebd.
[36] Ebd.
[37] Ebd.
[38] Ebd.

verfügt und ebenfalls dazu in der Lage ist, die körperlichen Gegebenheiten und deren Vorgänge zu verbalisieren.[39]

4.2. Sexualerziehung in der Jugend

Das Verständnis von Sexualität, das Jugendlichen vermittelt wird, ist auf „eine vordergründige Anerkennung der Sexualität"[40] beschränkt, die weitestgehend durch eine geschlechtsspezifische Form gekennzeichnet ist. Die „Warnung vor Verführung"[41], wie sie schon in der negativen Erziehung auftrat, bleibt weiterhin bestehen. Das Erziehungsziel Ehe und Familie wird erweitert durch die Erlernung biologischer Abläufe und die Fähigkeit, diese auch verbalisieren zu können.

5. Emanzipatorische Sexualerziehung

Emanzipatorische Sexualerziehung gewinnt nach 1968 an Bedeutung.

„Am 17. Juni 1969 wird der Sexualkunde-Atlas als einheitliches Unterrichtsmittel eingeführt. Auf nüchterne und informative Art [werden] darin Themen wie Menstruation, Schwangerschaft, Empfängnisverhütung usw. behandelt."[42] Sexualerziehung wird zu einem festen Thema in den Schulen. Durch die Erneuerung des Strafrechts wird 1969 das Verbot der Homosexualität aufgehoben und der Schwangerschaftsabbruch innerhalb geregelter Indikationsbedingungen erlaubt. Es ist speziell die jüngere Generation, bestehend aus Schülern, Studenten und Auszubildenden, die sich für eine sexuelle Enttabuisierung einsetzt. Sie fordern eine „Normalisierung sexueller Betrachtungsweisen[...] in kulturrevolutionärer

---

[39] Vgl. ebd.

[40] Ebd.

[41] Ebd.

[42] http://www.brigittewiechmann.de/kalender/juni2/17juni.html

und gesellschaftsverändernder Absicht"[43], womit sie zugleich eine sexuelle Protestbewegung auslösen, mit der so niemand gerechnet hätte. Sie ziehen die Aufmerksamkeit aller einflussreichen Medien auf sich, die innerhalb kürzester Zeit ein Thema publik machen, das über Jahrzehnte hinweg tabuisiert wurde und niemals öffentlich diskutiert worden wäre. Die Veränderungen, die die „Sexwelle"[44] im Sexualleben der Jugendlichen ausgelöst hat, ist unverkennbar. Zucht und Ordnung der vergangenen Jahre werden gegen Freizügigkeit gegenüber sexuellen Umgangsformen und Themen eingetauscht. Geschlechtsspezifische Rollenklischees, unter denen in erster Linie das weibliche Geschlecht zu leiden hatte, und die Verbote sexueller Handlungen außerhalb der Ehe werden aufgehoben. Die Haltung der jungen Menschen in Bezug auf die gesellschaftlichen Moralvorstellungen, insbesondere den kirchlichen, spiegelt sich in einem unbekümmerten und unabhängigen Verhalten wieder. Ein Zwiespalt zwischen Jung und Alt ist die Konsequenz. [45]

Auch in der Sexualerziehung wird eine Veränderung deutlich. Anstatt zu verbieten, zu mystifizieren und abzulenken wird jetzt mehr zugelassen, geduldet und diskutiert. Sexualerziehung wird als ein Teilbereich der Gesamterziehung anerkannt. Die Einstellung zum vor- und außerehelichen Sexualverhalten wird gelockert, der nackte Körper wird immer stärker an Badestränden und in den Massenmedien zur Schau gestellt, pornographische Produkte sind ein fester Bestandteil in vielen Haushalten.[46]

5.1. Die Erkenntnisse Sigmund Freuds

In der emanzipatorischen Sexualerziehung wird davon ausgegangen, dass auch das Kind über eine eigene Sexualität verfügt.

---

[43] Kluge, Norbert (Hrsg.): a.a.O., S.4.
[44] Ebd.
[45] Vgl. ebd., S.4ff.
[46] Vgl. ebd., S.167.

Die Grundlagen der emanzipatorischen Sexualerziehung beruhen auf den Erkenntnissen Sigmund Freuds. Freud verweist bereits zu seiner Zeit darauf, dass „Ansätze sexueller Regungen [...] bereits beim Säugling feststellbar [seien], systematische Beobachtungen des kindlichen Sexuallebens [...] [ließen] sich bei Kleinkindern im Alter von drei bis vier Jahren anstellen"[47]. Er entdeckt drei Stadien frühkindlicher Sexualität. Das erste Stadium beginnt im Säuglingsalter. Freud begründet dies mit der Sauglust des Säuglings, was nach seiner Auffassung Lustgewinnung darstellt. Er beschreibt dies als orale Lust. Das zweite Stadium frühkindlicher Sexualität ist die Anal-Lust, womit das „... willkürliche[] Zurückhalten und Ausstoßen des Stuhls beschrieben wird"[48]. Die letzte Phase wird als die phallische Lust beschrieben, was das Spielen des Kindes mit seinen Genitalien umfasst.[49] „Sexualität durchzieht das ganze Leben des Menschen – von der Geburt bis zum Tod. Sexualität ist nicht nur ein Naturereignis, sondern Körpersprache, die gelernt werden muss, wie die Sprache selbst."[50]

5.2. Sexualerziehung in der Kindheit

Die Zeit der emanzipatorischen Sexualerziehung erkennt, dass auch Kinder über eine eigene Sexualität verfügen. Die „Bejahung der kognitiven, affektiven und genitalen Bedürfnisse"[51] ist das Ziel der emanzipatorischen Erziehung. Der natürlichen Neugier des Kindes an seinem Körper soll nicht mehr durch Ablenkung und Fernhaltung entgegen gewirkt werden. Durch kindgerechte Informationen und die Unterstützung der Eltern / Erzieher soll das Kind lernen, seine eigene Sexualität zu akzeptieren und zu genießen, um so ein angemessenes Sexualverhalten zu entwickeln.

---

[47] Koch, Friedrich: Negative und positive Sexualerziehung. Eine Analyse katholischer, evangelischer und überkonfessioneller Aufklärungsschriften. Heidelberg 1971, S.22.

[48] Ebd.

[49] Vgl. ebd.

[50] Koch, Friedrich: Sexualaufklärung in Deutschland. A.a.O., S.20.

[51] Ebd., S.21.

5.3. Sexualerziehung in der Jugend

Jugendlichen wird vermittelt, dass Sexualität mehr ist als bloßer Geschlechtsverkehr, bzw. dass der Geschlechtsverkehr mehr ist, als die Instandhaltung der eigenen Art. Sexualität bedeutet in der emanzipatorischen Erziehung Körpererfahrung, Kommunikation und Körpersprache. Die Rangordnungen „unreife" und „reife" Sexualität wird aufgehoben. Masturbation stellt keine Gefahr mehr für den Menschen dar, sondern ist etwas Natürliches. Das Ziel der emanzipatorischen Erziehung ist die Partnerschaft, die Fähigkeit Verantwortung tragen zu können, solidarisch und tolerant seiner Umwelt gegenüber treten zu können, insbesondere sozial benachteiligten und schwächeren Personengruppen. „Emanzipation in diesem Sinne ist die Befreiung von Vorurteilen [...]. [Sie] ist niemals abgeschlossen, nicht statisch zu verstehen, sondern als ein fortwährender dynamischer Prozess, der ständig Neureflexion bedingt."[52] Die Prinzipien und Methoden dieser Erziehungsrichtung beinhalten zudem, es dem Jugendlichen zu ermöglichen, sich mit seiner eigenen Sexualität und seinen eigenen Wünschen unter der Berücksichtigung gesellschaftlicher Normen auseinander zu setzen.[53]

6. Fazit

Die Betrachtungsweise und der Umgang untereinander hat im Leben der Menschen in den Bereichen Privatsphäre, Sexualität, Partnerschaft und Familie einen beträchtlichen Wandel vollzogen, der von der totalen Tabuisierung bis hin zur „freien Liebe unter den Geschlechtern" reicht. Doch auch wenn der sexuellen Erziehung von Kindern und Jugendlichen heute nicht mehr mit der Härte von vor 50 Jahren entgegen getreten wird, bleibt die Frage, inwiefern die sexuelle Liberalisierung tatsächlich stattgefunden hat und welchen Zweck sie eigentlich erfüllt.

---

[52] Koch, Friedrich: Sexualaufklärung in Deutschland. A.a.O., S.22.
[53] Vgl. ebd.

Auch heute noch ist die Sexualität der Kinder und Jugendlichen verbunden mit Einschränkungen und Kontrollen, Verunsicherungen und Frustrationen, Ängsten und Konflikten. Der Beginn der Pubertät, der „Leistungsdruck", mit Freunden mithalten zu können, mitreden zu können, wenn es um sexuelle Themen geht, die Angst anders zu sein als die Anderen usw. Auch wenn die Tabus der damaligen Zeit aufgehoben wurden, bleibt die eigene Sexualität ein Bereich, der dennoch für einen großen Teil der Jugendlichen Schamgefühle hervorruft.

Allgemein gesehen kann die sexuelle Liberalisierung in den meisten Fällen auf die Weiterentwicklung der Zivilisation zurückgeführt werden. Sexualität ist eine Ware, die sich durch die Medien, speziell das Fernsehen und die Werbung, gut vermarkten lässt. Der Einsatz nackter Körperteile, bzw. dem unbekleideten Körper generell, ermöglicht auf diesem Weg eine einfache sexuelle Befriedigung. Es ist der Markt, der den größten Nutzen aus der sexuellen Enttabuisierung zieht.

Literaturverzeichnis

Bloch, Karl Heinz: Masturbation und Sexualerziehung in Vergangenheit und Gegenwart. Ein kritischer Literaturbericht. Frankfurt am Main; Bern; New York; Paris: Verlag Peter Lang GmbH 1989.

Kluge, Norbert (Hrsg.): Handbuch der Sexualpädagogik. Band 1. Grundfragen der Sexualpädagogik im multidisziplinären Zusammenhang und im internationalen Vergleich. Düsseldorf: Schwann: Pädagogischer Verlag Schwann – Bagel GmbH Düsseldorf 1984.

Koch, Friedrich: Negative und positive Sexualerziehung. Eine Analyse katholischer, evangelischer und überkonfessioneller Aufklärungsschriften. Heidelberg: Quelle & Meyer 1971.

Koch, Friedrich: Sexualaufklärung in Deutschland. Dokumentation der 1. Europäischen Fachtagung „Sexualaufklärung für Jugendliche" der BzgA.

Koch, Friedrich: Sexualpädagogik und politische Erziehung. München: Paul List Verlag KG 1975.

Kral, Silke: Brennpunkt Familie: 1945 bis 1965. Sexualität, Abtreibung und Vergewaltigung im Spannungsfeld zwischen Intimität und Öffentlichkeit. Marburg: Jonas Verlag 2004.

http://www.brigittewiechmann.de/kalender/juni2/17juni.html Download-Datum: 18.03.2006

http://www2.hu-berlin.de/sexology/ATLAS_DE/html/sexuelle_aufklaerung_und_erzie.html Download-Datum: 08.03.2006

http://www.paradisi.de/Lexikon/S/Sexuelle_Aufklaerung/ Download-Datum:
08.03.2006

http://de.wikipedia.org/wiki/Sexuelle_Aufkl%C3%A4rung Download-Datum:
08.03.200

40 Jahre Dr. Sommer & Co. Sexualerziehung in der BRAVO im Spiegel der Zeit

Jenny Camen

2009

1. Einleitung

Seit die Jugendzeitschrift BRAVO 1956 mit der ersten Auflage startete, haben sowohl die Zeitschrift als auch die Gesellschaft grundlegende Veränderungen durchlebt. Die Aufmachung der BRAVO ist heute eine andere, das Themenspektrum ist breiter gefächert, die Stars von damals kennen heute höchstens noch die Großeltern der aktuellen BRAVO-Leser. Gleichzeitig hat die Gesellschaft das ‚Heile-Welt-Streben' der 50er, die Revolution der 68er, Punks, Popper und diverse weitere Jugend- und Subkulturen hinter sich gelassen.

Eines zieht sich jedoch wie ein roter Faden durch die 52jährige BRAVO-Geschichte – die Aufklärungs- und Beratungsseiten. Bis heute werden die kommerziellen Jugendzeitschriften, und unter ihnen an vorderster Stelle die BRAVO, bei Fragen nach Partnerschaft, Liebe und Sexualität als Aufklärungsmedien präferiert.

In der vorliegenden Arbeit soll betrachtet werden, in wie weit sich die Aufklärungsseiten der BRAVO und die Leserbriefe der Jugendlichen angesichts der gesellschaftlichen Entwicklungen in den vergangenen Jahrzehnten verändert haben. Dieser Untersuchung wird die Hypothese zu Grunde gelegt, dass die Jugendsexualität eine Enttabuisierung erfahren hat – dass Sexualität mit den Jahren freizügiger, das heißt offener und direkter behandelt wird. Des Weiteren wird vermutet, dass die Jugendlichen, die in Form der Leserbriefe selbst zu Wort kommen, sich heute mit anderen Themen und Problemen beschäftigen als noch vor 30 oder 40 Jahren.

Zu diesem Zweck soll eine quantitative und qualitative Inhaltsanalyse des Stichprobenmaterials aus den Jahren 1969-2008 erfolgen. Dabei wird zunächst geprüft, in welchem Umfang Aufklärung in den einzelnen Jahrgängen eine Rolle in der BRAVO spielt und in welchem Maße ausgewählte Themen erwähnt werden. Anschließend werden die einzelnen Aufklärungsseiten und exemplarische Leserbriefe auf ihren Inhalt hin analysiert, um so in einem weiteren Schritt einen historischen Vergleich zwischen den unterschiedlichen Jahrgängen anstellen zu können. Im Hinblick auf die formulierte Hypothese liegt der Fokus im Besonderen auf den Differenzen und Veränderungen im zeitlichen Vergleich. Nichtsdestoweniger scheint es auch interessant, eventuelle Kontinuitäten in den Aufklärungsinhalten und Leserfragen festzustellen.

2. Die Jugendzeitschrift BRAVO

Im Folgenden soll ein Überblick über Auflage und Verbreitung von BRAVO als der marktführenden Jugendzeitschrift in Deutschland gegeben werden, um so den Wirkungskreis und Einfluss von BRAVO – und damit auch von der dort publizierten Sexualaufklärung – verstehen zu können. Ebenso soll der Frage ‚wer liest eigentlich die BRAVO und warum?‘ nachgegangen werden. In einem weiteren Schritt wird die Einführung und Weiterentwicklung der verschiedenen Ratgeberkolumnen und Aufklärungsserien chronologisch dargestellt, bevor auf die besondere Aufklärungsfunktion der Jugendzeitschrift eingegangen werden kann. Letztlich sollen auch einige kritische Stimmen zu Wort kommen, die sich insbesondere auf die jugendgefährdende Wirkung von BRAVO als Aufklärungsmedium beziehen.

2.1 Auflage und Leserschaft

1956 startete BRAVO mit einer zunächst geringen Auflage – der anstehende Erfolg der Jugendzeitschrift war nicht abzusehen. Nur zehn Jahre später war die verkaufte Auflage bereits auf über 700.000 Exemplare pro Woche angestiegen und ein weiteres Jahrzehnt später – Mitte der 70er Jahre – belief sich die Auflage auf rund 1,4 Millionen Hefte[54] – eine unvergleichbare Erfolgsgeschichte. BRAVO konnte diese Auflagenstärke relativ stabil bis noch

---

[54] vgl. Knoll, Joachim H.; Stefen, Rudolf: Pro und Contra BRAVO. (Schriftenreihe der Bundesprüfstelle für jugendgefährdende Schriften) Baden-Baden 1978. S.75

in die Mitte der 90er Jahre aufrechterhalten beziehungsweise auf 1,5 Millionen Exemplare ausbauen. Mittlerweile ist die Auflage auf unter 850.000 Hefte pro Woche zurückgegangen, was nicht unwesentlich mit den geburtsschwächeren Jahrgängen seit den 70er Jahren zusammenhängt. Joachim Knoll – seines Zeichens entschiedener Gegner von BRAVO als Aufklärungsmedium – bemerkt hierzu, dass BRAVO in jüngster Zeit inhaltliche Veränderungen vorgenommen habe und daher keine Indizierungsanträge mehr nötig gewesen seien – vielleicht ein weiterer Grund für die sinkende Nachfrage.[55] Wichtig zu bemerken ist jedoch, dass bei einer Jugendzeitschrift wie BRAVO die Reichweite, das heißt die Zahl der Hände, durch die ein BRAVO-Heft tatsächlich geht, entscheidend wichtiger ist als die reine Auflage. So wird vermutet, dass auch bei sinkender Auflage jede Woche noch rund zwei bis drei Millionen Jugendliche Einblick in die BRAVO haben.[56]

Die Zielgruppe der BRAVO liegt zwischen 10 und 17 Jahren, wobei die Kernzielgruppe aus den Jugendlichen im Alter von 12 bis 15 Jahren besteht. Wenngleich keine Angaben zu den altersmäßigen Zielgruppen der 50er und 60er Jahre vorliegen, soll an dieser Stelle dennoch die Vermutung aufgestellt werden, dass die Zielgruppe damals älter war als die heutige.[57]

Es zeigt sich, dass BRAVO eine sehr breit gefächerte Leserschaft hat, wenn man bedenkt, dass die jugendliche Zielgruppe sich in einer Lebensphase befindet, in der die persönliche Entwicklung so schnell und so mannigfaltig abläuft wie in kaum einer späteren Phase. In Bezug auf die Sexualratgeber und Aufklärungsseiten bietet diese breite Lesergruppe immer wieder die Zielscheibe für harsche Kritik. So wird insbesondere befürchtet, dass Inhalte, die für

---

[55] vgl. Knoll, Joachim H.; Monssen-Engberding, Elke (Hrsg.): BRAVO, Sex und Zärtlichkeit. Medienwissenschaftler und Medienmacher über ein Stück Jugendkultur. Mönchengladbach 2000. S.34
[56] vgl. ebd. S.35
[57] siehe hierzu Kapitel 4.2

Siebzehnjährige bestimmt sind, bereits von Zehnjährigen gelesen würden und somit gefährdend seien.

Auf die Kritik an den Aufklärungsseiten und Ratgeberkolumnen soll im folgenden Kapitel näher eingegangen werden.

2.2 Aufklärungsserien und sexuelle Lebenshilfe

Konzentriert sich die BRAVO in den ersten Jahren nach ihrer Neueinführung auf dem Markt noch auf Themen rund um Popmusik und Mode, so bringen die 60er Jahre eine einschneidende Wende mit sich. Sexuelle Aufklärung, Information und Lebenshilfe erhalten Einzug in das Jugendmagazin und werden neben der Musik zum zweiten großen Standbein der BRAVO.[58]

Den Anfang macht die Ratgeberkolumne ‚Schicksalsbriefe an Dr. Vollmer‘, in der Briefe der jugendlichen Leser zum Thema Liebe und Sexualität beantwortet werden. Interessant ist, dass sich hinter dem Pseudonym des Dr. Vollmer eine Schriftstellerin verbirgt, die nachweislich weder über eine medizinische noch eine psychologische Qualifikation verfügt. Dies ändert sich mit dem Erscheinen des bis heute unvermeidlich mit BRAVO verbundenen Dr. Jochen Sommers zu Beginn der 70er Jahre. In seiner Sprechstunde mit dem Titel ‚Was Dich bewegt‘ gibt er Lebenshilfe in sexuellen und psychologischen Belangen. Hinter Dr. Jochen Sommer steckt über lange Jahre der Arzt und Psychotherapeut Dr. Martin Goldstein, der von einem Team aus – unter anderem – Psychotherapeuten, Sozialarbeitern und Lehrern unterstützt wird. Neben der wöchentlichen Dr.-Sommer-Sprechstunde nimmt Martin Goldstein auch die Rolle des Dr. Korff ein, der in seiner Aufklärungsserie spezielle sexuelle Themen aufgreift.[59] Man kann sagen, dass Dr. Sommer und Dr. Korff für die

---

[58] Wenzel, Susanne: Sexuelle Fragen und Probleme Jugendlicher: dargestellt an den Leserbriefen Jugendlicher in der Zeitschrift „BRAVO" (1968-1987). (Studien zur Sexualpädagogik, Bd. 6) Frankfurt am Main 1990. S.43

[59] vgl. Wenzel: Sexuelle Fragen und Probleme Jugendlicher. Frankfurt am Main 1990. S. 49-51

Jugendlichen der 60er und 70er Jahre das leisten, was für die Erwachsenen Oswald Kolle mit seinen Aufklärungsbüchern und -Filmen popularisiert. Die Aufklärungs- und Beratungsseiten der BRAVO entwickeln sich also in einer Zeit der sexuellen Aufklärung und Revolution – in einer Zeit, in der langsam aber sicher eine neue Freizügigkeit aufkommt, die in den 50er Jahren undenkbar gewesen wäre.

Der in den 70er Jahren bereits zum Markenzeichen von BRAVO gewordene Dr. Sommer wird Ende der 80er Jahre zum Dr.Sommer-Team ergänzt. Lange Zeit stehen die Namen Margit und Michael und ihre Rubrik ‚Sprich dich aus' für sexuelle Aufklärung in der BRAVO. Auch hinter ihnen steht allerdings ein weitaus größeres Team aus Ärzten, Sozialpädagogen und Psychologen. In den 90er Jahren wird diese Beratung durch die ‚Liebe, Sex und Zärtlichkeiten'-Seiten ergänzt, auf denen eine Ärztin Lebenshilfe insbesondere bei medizinisch-sexuellen Problemen anbietet, während das Dr.-Sommer-Team sich mehr auf die Gefühlsebene konzentriert.

Neben diesen fest verankerten Ratgeberkolumnen wird das Aufklärungsangebot der BRAVO immer wieder durch einzelne oder serienhafte Reportagen und Berichte zur Jugendsexualität erweitert. Was seit den 90er Jahren der wöchentliche Bericht ‚Mein erstes Mal' ist, war in den 80ern die Reihe ‚Liebe und Sex zwischen 15 und 17. Junge Leute schildern ihre Erlebnisse'; und in den 60er Jahren interessierte man sich beispielsweise für den Report ‚Sex nach Sechs – die Mädchen aus der Provinz'.

Ein ebenso beliebtes Element der BRAVO, was im eigentlichen Sinne auch die Thematisierung von Liebe und Sexualität verfolgt, ist die Foto-Love-Story. Es darf vermutet werden, dass dieser Fotoroman ebenso zeitlichen Veränderungen unterworfen ist wie die Aufklärungsseiten und Ratgeberkolumnen. Dieser Hypothese soll in Kapitel 4 nachgegangen werden.

Angesichts dieser Erfolgsgeschichte der sexuellen Information und Beratung in BRAVO, stellt sich die Frage nach den Gründen der Attraktion. „Die große Resonanz, die sexualthematische Beiträge [...] finden, verweist auf ein gleichbleibendes Defizit an kompetenter und zugleich von den Jugendlichen akzeptierter Sexualerziehung, sei es in Elternhaus, Schule oder außerschulischer Jugendarbeit"[60], so vermutet Wenzel. Verschiedene Jugendstudien und Befragungen haben gezeigt, dass Jugendliche tatsächlich mit der ihnen von Eltern und Schule angebotenen Aufklärung unzufrieden sind. Hauptkritikpunkte sind, dass die schulische Sexualerziehung zu biologisch sei und sich nicht mit den persönlichen sexuellen Problemen der Jugendlichen befasse. Außerdem werden sowohl Eltern als auch Lehrer nicht als angenehme Gesprächspartner beim Thema Sexualität empfunden. Themen, die Jugendliche als nicht ausreichend thematisiert betrachten, sind unter anderem sexuelle Praktiken, Geschlechtskrankheiten, Partnerschaft oder die sexuelle Lustfunktion, das heißt Bereiche wie Selbstbefriedigung oder Orgasmus.[61] Nicht nur, dass die Sexualratgeber der BRAVO all diese Bereiche ansprechen und Antworten geben, sondern auch der Effekt des anonymen Beraters machen den Erfolg eines Dr.-Sommer-Teams aus. Die Jugendlichen müssen sich für ihre Fragen nicht schämen und haben auch keine Konsequenzen zu befürchten – ein Verhältnis, das bei einem Gespräch mit den Eltern oder Lehrern nicht gegeben ist.[62]

Die defizitäre Aufklärung durch Elternhaus und Schule erkennt auch Knoll – einer der größten Kritiker der Sexualratgeberkolumnen: „Wird eine Jugend pädagogisch weithin unbetreut gelassen, versagen sich Eltern wie auch die offiziellen Bildungsinstitutionen insbesondere in jener Phase des Jugendlebens, da sich Persönlichkeit bildet und zunehmend entfaltet, so treten in dieses Vakuum pädagogische Ratgeber, die außer durch ihren kommerziellen Erfolg

---

[60] Wenzel: Sexuelle Fragen und Probleme Jugendlicher. Frankfurt am Main 1990. S. 43
[61] vgl. ebd. S. 45-46
[62] vgl. ebd. S. 57-61

nicht kontrolliert sind".[63] Knolls Skepsis gegenüber der Ratgeberfunktion von Jugendzeitschriften wird deutlich.

Generell muss sich BRAVO seit der Einführung von Aufklärungsserien und Sexualratgebern immer wieder mit teils vehementer Kritik auseinandersetzen. Hauptsächlich werden dabei das kommerzielle Interesse der Jugendzeitschrift und die angeblich mangelnde beziehungsweise fehlerhafte Informationsvermittlung über sexuelle Themen proklamiert. Ein weiterer Vorwurf – der sich ebenfalls bis heute standhaft behauptet – lautet, die Ratgeberkolumnen dienten mehr der „sexuellen Stimulierung denn sexualpädagogischer Beratung".[64] Insbesondere die Bundesprüfstelle für jugendgefährdende Schriften vertritt diese Auffassung und befürchtet, dass „immer jüngere Jugendliche durch BRAVO sexuell überreizt würden"[65], sie zu sexuellen Praktiken animiert würden, die ihnen ohne BRAVO gar nicht bekannt gewesen wären und sie somit auch einem sexuellen Leistungsdruck ausgesetzt würden. Knoll geht sogar soweit, BRAVO als „eine flagrante und handgreifliche Anklage gegen die institutionalisierte Jugendhilfe und Jugendpädagogik"[66] zu bezeichnen. Er gesteht den Sexualratgebern in der BRAVO also eine Art sexualpädagogischer Lückenbüßerfunktion zu, kann die Form der in BRAVO praktizierten Aufklärung aber nicht gutheißen.[67] Die Aufklärungsseiten empfindet Knoll ebenfalls als unpassend und beschreibt sie als „Bilderbuchwelt" und die Protagonisten der Aufklärungsserien als „aus der Zuckerwelt des Showbusiness"[68] stammend. Fröhlich formuliert in seiner Dissertation zur Bedeutungsstruktur kommerzieller Jugendzeitschriften seine Kritik

---

[63] Knoll; Stefen: Pro und Contra BRAVO. Baden-Baden 1978. S.13

[64] Kluge, Norbert (Hrsg.): Medien als Sexualaufklärer. Ein Tagungsbericht. Frankfurt am Main 1988. S.45

[65] Wenzel: Sexuelle Fragen und Probleme Jugendlicher. Frankfurt 1990. S.47

[66] Knoll; Stefen: Pro und Contra BRAVO. Baden-Baden 1978. S.20

[67] vgl. Wenzel: Sexuelle Fragen und Probleme Jugendlicher. Frankfurt 1990. S.47

[68] Knoll; Stefen: Pro und Contra BRAVO. Baden-Baden 1978. S.78

folgendermaßen: „[...] sie offerieren ihrem Leser schematische Unterhaltung anstatt aufklärender Information, modische Klischees und pseudo-relevanten Ratschlag anstatt sachgerechter Führung und Unterweisung".[69]

Dieser kurze Ausblick auf die Forschungsliteratur zeigt, wie stark die Form der Aufklärung in BRAVO zu jeder Zeit kritisiert wurde und wird. Mehr als einmal waren BRAVO-Hefte Gegenstand von Indizierungsverfahren der Bundesprüfstelle für jugendgefährdende Schriften und mehr als einmal wurde die Indizierung – bis in die 90er Jahre hinein – durchgesetzt.[70]

Die teils berechtigte, teils übertrieben wirkende Kritik an der Aufklärungsfunktion von BRAVO soll in der folgenden Untersuchung nicht ausgeklammert werden. Wann immer sich Beispiele für die oben genannten Kritikpunkte zeigen, soll darauf hingewiesen werden.

3. Quantitative und qualitative Inhaltsanalyse des Stichprobenmaterials

3.1 Die Stichprobe

Der Untersuchung liegen exemplarisch jeweils ein BRAVO-Exemplar aus den Jahren 1969, 1976, 1984 und 1993 zu Grunde. Aus dem aktuellen Jahrgang 2008 stehen zwei Hefte zur Verfügung. Aufgrund der geringen Datengrundlage werden die Ergebnisse mit der Studie von Susanne Wenzel aus dem Jahr 1990 – bezüglich der Jahre zwischen 1968 und 1987 – abgeglichen und gegebenenfalls ergänzt.

Von Relevanz für die Untersuchung sind aus dem Jahr 1969 die Ratgeberkolumne ‚Schicksalsbriefe an Dr. Vollmer' und der Report ‚Sex nach

---

[69] Fröhlich, Rolf W.: Verhaltensdispositionen, Wertmuster und Bedeutungsstruktur kommerzieller Jugendzeitschriften. Inhaltsanalytische Darstellung von BRAVO, OK und WIR. München 1968. S.265

[70] vgl. Knoll; Monssen-Engberding (Hrsg.): BRAVO, Sex und Zärtlichkeit. Mönchengladbach 2000. S.146ff.

Sechs'. Aus dem Heft von 1976 fließen die Aufklärungsserie von Dr. Korff, die Sprechstunde von Dr. Jochen Sommer und die Foto-Love-Story mit ein. Aus dem Jahr 1984 finden ebenfalls Dr. Sommer und die Foto-Love-Story Betrachtung, sowie die Aufklärungsreihe ‚Liebe & Sex zwischen 15 und 17'. 1993 umfasst das Untersuchungsmaterial die Sprechstunde des Dr.-Sommer-Teams, die Ratgeberkolumne ‚Liebe, Sex und Zärtlichkeit', die Foto-Love-Story und den Report ‚Flirten – die besten Tricks zum Anmachen'. In den Heften von 2008 sollen ebenso die Foto-Love-Stories und die Dr.-Sommer-Sprechstunde untersucht werden sowie der Aufklärungsbericht ‚Wilde Zeiten – So wird ein Junge zum Mann' und der ‚Dr.-Sommer-Bodycheck'.

3.2 Quantitative Analyse

Zunächst soll ein Blick auf den Umfang des Aufklärungs- und Beratungsangebots im Spiegel der Zeit geworfen werden. Eine naheliegende Vermutung könnte – angesichts der fortschreitenden sexuellen ‚Revolution' und Enttabuisierung in der Gesellschaft – lauten, die Offerte sexueller Aufklärung und Lebenshilfe habe in den Jahren von 1968 bis heute stark zugenommen. Bei näherer Betrachtung des Stichprobenmaterials lässt sich diese Hypothese jedoch schnell widerlegen. Man kann sogar sagen, dass der reine Umfang von Aufklärungs- und Ratgeberseiten in den letzten 40 Jahren ungefähr auf einem gleichen Level geblieben ist.

Sicherlich haben sich die Angebote verändert. So wurde beispielweise die Ratgeberfunktion in den 90er Jahren ausgeweitet – die altbewährte Sprechstunde des Dr.-Sommer-Teams wurde durch die Rubrik ‚Liebe, Sex und Zärtlichkeit', in der eine Frauenärztin Ratschläge gibt, ergänzt – die jedoch 2008 schon nicht mehr vorhanden ist. Dafür vermisst man allerdings auf der anderen Seite seit den 90er Jahren die mehrwöchigen Aufklärungsserien. In den 70er Jahren erschienen unter dem Pseudonym des Dr. Korff regelmäßig diese Serien zu sexuellen und partnerschaftlichen Themen. Sowohl in den 60er als auch in den

80er Jahren finden sich Aufklärungsberichte zum Thema Sexualität unter Jugendlichen. Im Stichprobenmaterial laufen diese beispielsweise unter den Überschriften ‚Sex nach Sechs – Mädchen aus der Provinz' (1969) und ‚Liebe und Sex zwischen 15 und 17' (1984). Eine neue Serie der 90er Jahre, die zwar nicht durchgängig zum Inhalt der BRAVO gehört, aber immer wieder neu aufgelegt wird, ist der sogenannte Bodycheck, bei dem sich jeweils ein Junge und ein Mädchen nackt fotografieren lassen und interviewt werden.

Mit den ‚Schicksalsbriefen an Dr. Vollmer' (1969), der Sprechstunde von ‚Dr. Jochen Sommer' (1976, 1984) und schließlich ‚Sprich dich aus' – der Ratgeberkolumne des Dr.-Sommer-Teams (1993 bis heute) hat jedes Jahrzehnt seine Instanz für Lebenshilfe und Leserbriefbeantwortung.

Eine Neuerung der 70er Jahre ist die Foto-Love-Story, in der zunächst abgeschlossene bebilderte Geschichten, später mehrere Wochen umfassende Fotoromane dargestellt werden.

Ergänzt wird das oben beschriebene, umfangreiche Aufklärungsangebot der verschiedenen Jahrzehnte durch vereinzelte Ratgeberseiten beziehungsweise Reportagen über sexuell weniger ‚brisante' Themen wie Partnerschaft, problematische Liebe, Flirten und Küssen. Da diese Berichte wenig über die sexuelle Enttabuisierung der Jugend zu den jeweiligen Zeiten aussagen, sollen sie bei der qualitativen Analyse nur am Rande Beachtung finden.

Als interessant erweist sich die quantitative Betrachtung der Ratgeberkolumnen, das heißt die Verteilung verschiedener Themen in den Leserbriefen der Jugendlichen im Wandel der Zeit.

Zur Systematisierung sollen vier Themenbereiche angelegt werden, denen sich die einzelnen Briefe zuordnen lassen. Es bietet sich eine Einteilung in einen biologischen Fragenbereich, einen individuell-psychologisch/sozialen Bereich sowie einen Gefahrenbereich der Sexualität und den Bereich der Lustfunktion an. Mit diesen Kategorien lassen sich alle Leserfragen des Stichprobenmaterials erfassen.

Zum biologischen Bereich der Sexualität sind solche Fragen zu zählen, die sich mit dem Körper, seinen Funktionen und Veränderungen – insbesondere Samenerguss, Empfängnis und Schwangerschaft – beschäftigen.

Der individuell-psychologische und soziale Fragenbereich umfasst persönliche Ängste, Hemmungen, Gefühle und Themen wie Partnerschaft, Einsamkeit, unerwiderte Liebe sowie Fragen, die das Verhältnis zu Eltern oder Lehrern betreffen.

Der Gefahrenbereich der Sexualität thematisiert Geschlechtskrankheiten, AIDS sowie jegliche Formen sexueller Belästigung.

Bei dem Bereich der sexuellen Lustfunktion handelt es sich um Fragen, die sich mit sexuellen Praktiken unter Partnern oder mit Masturbation beschäftigen.

Als Ergebnisse der Auswertung des Stichprobenmaterials lassen sich folgende Entwicklungen festhalten:

Der biologische Fragenbereich verzeichnet eindeutig den größten Zuwachs.[71] In den Jahren 1969 und 1976 wird keine einzige Frage betreffend der biologischen Funktionen des Körpers gestellt. 1984 werden in der Sprechstunde von Dr. Sommer allerdings bereits drei Fragen zu diesem Komplex formuliert, welche die Themen Schwangerschaft, Samenerguss und frauenärztliche Untersuchung umfassen. Außerdem wird in dieser Ausgabe ein Aufruf von Dr. Sommer gestartet, Fragen zur Verhütung mit der Pille einzusenden. Der biologische Aspekt der Sexualität ist also in den Fokus der Aufmerksamkeit gerückt. 1993 werden dann sogar noch mehr Leserbriefe zu diesem Themenbereich formuliert – sie betreffen insbesondere die Aspekte der Verhütung, Intimhygiene und

---

[71] vgl. hierzu die Ergebnisse von Wenzel: Sexuelle Fragen und Probleme Jugendlicher. Frankfurt 1990. S.120-121

körperlicher Anomalitäten. Auch 2008 machen biologische Fragen fast die Hälfte der veröffentlichten Briefe aus.

Der zweite Bereich – individuell-psychologische und soziale Fragestellungen – stellt in allen Jahrgängen den durchschnittlich am stärksten vertretenen Fragekomplex dar[72], vermutlich da es sich hierbei um die Kategorie handelt, zu der jegliche Fragen zum Thema Partnerschaft gezählt werden. Besonders in den ausgewählten Heften der Jahrgänge 1969 und 1974 kreisen alle Leserfragen ausschließlich um Probleme in der Partnerschaft, Konflikte im Elternhaus und der Schule und Probleme mit der eigenen Person, unter anderem Minderwertigkeitsgefühle und Hemmungen gegenüber dem anderen Geschlecht. Obwohl der sozial-psychologische Themenkomplex auch von den 80er Jahren bis heute immer noch die wichtigste Rolle bei der Leserbriefbeantwortung spielt, ist doch historisch betrachtet ein deutlicher Rückgang dieser Fragen zu Gunsten von explizit sexuellen Fragestellungen zu beobachten. So werden 1984 nur noch die Themen Streit mit den Eltern und Einsamkeit erwähnt und 1993 werden die Themen Elternverbote, Partnerschaft und erste Liebe erfragt. 2008 werden außerdem Fragen zu unerwiderter Liebe und Gefühlsschwankungen gestellt.

Der Themenbereich ‚Gefahren' tritt bei der Betrachtung des Untersuchungsmaterials erstmals 1993 auf. Hier thematisiert ein Mädchen einen Fall von sexueller Belästigung. Außerdem wird im sogenannten ‚Liebeslexikon' der Ratgeberkolumne ‚Liebe, Sex und Zärtlichkeit' das Stichwort ‚Safer Sex' erläutert. 2008 beschäftigt sich ein Leserbrief mit dem Thema Ritzen und Selbstverletzung. Insgesamt kann man aber sagen, dass der Gefahrenbereich der Sexualität relativ wenige Leser zu beschäftigen scheint – mit Ausnahme der Gefahr einer ungewollten Schwangerschaft. Diese Angst ist in sehr vielen

---

[72] vgl. Wenzel: Sexuelle Fragen und Probleme Jugendlicher. Frankfurt 1990. S.141, 171

Leserbriefen zu erkennen, wird jedoch in dieser Auswertung zum biologischen Fragenkreis gezählt.

Der Bereich der sexuellen Lustfunktion schließlich hat sich ähnlich entwickelt wie der biologische Fragenbereich.[73] In den ausgewählten Heften aus den Jahren 1969 und 1974 werden keinerlei Fragen betreffend sexuellen Lustgewinns gestellt. 1984 wird mit einer Frage zur Masturbation die Lustfunktion angesprochen. Ein knappes Jahrzehnt später, 1993, werden schließlich explizite Fragen zur Masturbation und zu (gleichgeschlechtlichen) sexuellen Praktiken formuliert. Des Weiteren umfassen die Seiten ‚Liebe, Sex und Zärtlichkeit' in den 90er Jahren bereits den wöchentlichen Bericht eines Lesers oder einer Leserin über sein/ihr erstes Mal, in dem der Fokus eindeutig auf dem romantischen aber auch lustvollen Aspekt des ersten Geschlechtsverkehrs liegt und nicht etwa auf dem biologischen. In den zwei aktuellen BRAVO-Heften wird jeweils eine Frage zum sexuellen Lustgewinn gestellt, was dafür spricht, dass dieser Themenbereich trotz Anstiegs nicht zu den am häufigsten vorkommenden zählt.

Abschließend kann für die quantitative Analyse des Stichprobenmaterials festgehalten werden, dass das Aufklärungs- und Ratgeberangebot insgesamt durch 40 Jahre hinweg ungefähr gleich umfangreich geblieben ist. Zu jeder Zeit konnten die Leser sich mit Fragen an die verschiedenen Ratgeberkolumnen wenden. Deutliche Unterschiede sind allerdings bei der thematischen Verteilung der Leserbriefe festzustellen. In den 60er und 70er Jahren beschränkten sich die Fragen hauptsächlich auf soziale oder psychologische Belange und Probleme, biologische Fragen werden kaum formuliert und die sexuelle Lustfunktion findet noch keine Beachtung. Vorgreifend auf die qualitative Inhaltsanalyse sei erwähnt, dass im Stichprobenmaterial von 1969 und 1974 der Begriff ‚Sex' oder gegebenenfalls Synonyme kein einziges Mal erwähnt werden. Biologische

---

[73] vgl. Wenzel: Sexuelle Fragen und Probleme Jugendlicher. Frankfurt 1990. S.153

Fragen haben im zeitlichen Wandel den größten Zuwachs erfahren, sind heute fast genauso stark vertreten wie Fragen zu partnerschaftlichen Belangen. Die sexuelle Lustfunktion hat besonders seit den 90er Jahren an Bedeutung gewonnen. – Ein erstes Anzeichen für eine sexuelle Enttabuisierung unter den Jugendlichen.

3.3 Qualitative Aspekte

Ausgehend von der Feststellung, dass sich der Informationsbedarf der jugendlichen BRAVO-Leser besonders im biologisch-medizinischen Bereich der Sexualität von 1969 bis heute stark vergrößert hat, sollen im Folgenden besonders auffällige oder interessante inhaltliche Aspekte verschiedener Leserbriefe und Aufklärungsseiten dargestellt werden und zugleich abgewogen werden, inwiefern das Angebot von BRAVO einen Beitrag zur Aufklärung der Jugendlichen leistet. Außerdem wird auf Veränderungen innerhalb der Jahrzehnte hingewiesen, die dann in Kapitel 4 ausgewertet werden sollen.

Beginnend mit dem Aufklärungsreport ‚Sex nach Sechs' aus dem Jahr 1969 kommt schnell der Eindruck auf, dass es sich bei diesem Bericht um eine stark klischeehafte Darstellung von Jugendsexualität handelt. Besonders die Kategorisierung in Mädchen und Jungen aus der Provinz und aus der Stadt drängt ein Schubladendenken auf, welches in einem seriösen Aufklärungsbericht unangebracht ist. Des Weiteren bleibt unklar, ob die in diesem Report geschilderten Erlebnisse auf tatsächlichen Begebenheiten beruhen oder ob es sich um fiktive Geschichten handelt. Die Mädchen vom Lande werden in dem Bericht als sexuell unerfahren und naiv dargestellt. Sie warten alle auf den Richtigen – den Mann, der sie später heiraten wird – bevor sie sexuelle Kontakte eingehen. Ansonsten würden sie „lieber Jungfrau bleiben, und wenn ich dabei 25 Jahre alt werde"[74], so wird die Mehrzahl der Mädchen zitiert. Angesichts dieses Beitrages stellt sich die Frage, ob es sich um eine realistische Darstellung

---

[74] BRAVO 1969: S. 29

der Sexualität junger Mädchen in den 60er Jahren handelt, oder ob die Redaktion hier ein klischeehaftes Bild der Landjugend verbreitet. In jedem Fall scheinen die dargestellten Mädchen eine relativ klare Vorstellung von Sexualität zu haben – und zwar, dass diese mit einer Eheschließung einhergeht. Einen Beitrag zur Aufklärung leistet dieser Report jedenfalls nicht. Sexualität im eigentlichen Sinne wird kaum thematisiert, Informationen über Sexualität werden nicht präsentiert – und das, obwohl der Titel der Reihe geradezu reißerisch darauf anspielt.

Ein interessanter ‚Schicksalsbrief' an Dr. Vollmer aus dem Jahr 1969 trägt die Überschrift ‚Prüfung vor dem zweiten Ja-Wort'. In diesem Brief schildert eine neunzehnjährige Frau, wie sie ihren Ehemann kennen gelernt, ihn geheiratet hat und schließlich erfahren musste, dass er die ganze Zeit eine zweite Frau hatte, woraufhin sie sich scheiden ließ. Das Erstaunende an diesem Schreiben ist zum einen das Alter der Frau – sie hat sich mit 17 verlobt und kurze Zeit später geheiratet und ist nun mit 19 bereits geschieden. Zum anderen wird das Thema Sexualität mit sehr gewählten Worten umschrieben. „Erst in der Hochzeitsnacht gehörte ich ihm ganz"[75], heißt es dort. Eine heute eher ungewöhnliche Formulierung für einen ansonsten sehr ernsten und sachlichen Brief. Aus heutiger Sicht unerwartet ist dann auch die Antwort von Pseudo-Arzt Dr. Vollmer. Er rät der jungen Frau dazu, ihrem Ex-Ehemann eine zweite Chance zu geben, da sie „ihm ja längst insgeheim verziehen"[76] habe und ihn immer noch liebe, obwohl die Frau dies mit keinem Wort in ihrem Brief erwähnt. Einer Frau von 19 Jahren zu raten, sich erneut auf einen Mann einzulassen, der sie von vornherein hintergangen hat, scheint nach einem modernen und emanzipierten Denken abstrus zu sein. Hier lässt sich eindeutig ein mittlerweile überkommenes Frauenbild erkennen – eine Scheidung war in den 60er Jahren für eine Frau

---

[75] ebd. S. 86
[76] BRAVO 1969: S. 86

nicht besonders angesehen, daher der Rat, in den sicheren Hafen der Ehe zurückzukehren.

Die Leserbriefe aus dem Jahr 1976, mittlerweile von Dr. Jochen Sommer beantwortet, weisen ebenfalls Besonderheiten auf, die aus heutiger Sicht befremdlich erscheinen. An dieser Stelle soll besonders auf sprachliche Auffälligkeiten eingegangen werden. Der Brief ‚Ich war noch nie auf einer Fete' zeigt, dass Jugendliche vor 30 Jahren andere Wörter benutzt haben als heute. Vermutlich würde kein Jugendlicher heute von einer Fete sprechen, sondern das Wort Party verwenden. In einem anderen Leserbrief heißt es, „Mein Freund mag nicht schmusen"[77] – auch das Wort schmusen wirkt heutzutage eher veraltet oder kindlich. Im Vergleich mit Leserbriefen der letzten Jahre wird an späterer Stelle noch herausgestellt werden, dass Jugendliche das hier als ‚Rumschmusen' bezeichnete heute viel deutlicher beim Namen nennen.

Die Aufklärungsserie von Dr. Korff, die in dem vorliegenden Heft von 1976 den Titel ‚Vor- und Nachteile einer Liebe zu einem reifen Partner' trägt, macht auf den ersten Blick den Eindruck, als wolle man den jugendlichen Lesern Ratschläge und Lebenshilfe vermitteln. Bei näherer Betrachtung wird jedoch deutlich, dass es sich hier um pseudopsychologische Deutungen des Verhaltens fiktiver Jugendlicher handelt. Nach der Art, ‚Corinnas Eltern haben sich früh scheiden lassen, daher sucht sie jetzt die fehlende Zuwendung in der Liebe zu einem deutlich älteren Mann', wird versucht für die Liebe zu einem reifen Partner eine rationale Erklärung zu geben. Generell kristallisiert sich heraus, dass hier eindeutig gegen Beziehungen mit älteren Partnern argumentiert wird. „Mit einem Gleichaltrigen ist ein Liebesverhältnis jedenfalls viel natürlicher"[78] und daher sollten die Jugendlichen sich in dieser Richtung orientieren. Es wird deutlich, dass in Aufklärungsserien dieser Art nicht unbedingt die wirkliche

---

[77] BRAVO 1976: S. 27
[78] ebd. S. 40

Aufklärung über Sexualität im Vordergrund steht, sondern vielmehr Moralvorstellungen der jeweiligen Zeit an die Leser transportiert werden.

Die Foto-Love-Story von 1976 ist insofern besonders, da sie in sich abgeschlossen ist und nicht, wie später üblich, eine mehrwöchige Geschichte erzählt. Erstaunlich sind außerdem das Alter und die Lebensumstände der Protagonisten – es handelt sich um ein Ehepaar im Alter von 17 und 24 Jahren, welches bereits ein dreijähriges Kind hat. Diese Familienverhältnisse scheinen aus heutiger Sicht befremdlich; außerdem spielen heutzutage eher Jugendliche die Hauptrollen in den Fotoromanen. Es geht um junge Liebe, Gefühle etc.. 1976 hingegen wird die finanzielle Misslage des jungen Ehepaars thematisiert und am Ende steht die wenig überraschende Erklärung der jungen Ehefrau, „Ich liebe dich trotzdem".[79] Die Foto-Love-Story vermittelt in diesem Fall eine Art Moral oder Lebenshilfe in schwierigen Situationen, die man auf die Formel ‚Gemeinsam sind wir stark' reduzieren könnte. Interessant gestaltet sich die Frage, ob eine derart moralisch-belehrende Funktion auch in späteren Jahrzehnten noch verfolgt wird.

Für das Jahr 1984 müsste diese Frage eher verneint werden. In dem Fotoroman „Die Clique vom Reiterhof"[80] geht es um eine schwierige Dreiecksbeziehung zwischen Jugendlichen und um Kriminalität. Eine Art Lebenshilfe oder Ratgeberfunktion lässt sich hier allerdings nicht erkennen. Das Thema Sexualität wird nur am Rande behandelt, obwohl es sich um eine Liebesgeschichte handelt. Insgesamt stehen bei dieser Foto-Love-Story eher Gefühle und Spannung im Vordergrund.

Die BRAVO-Aufklärungsserie ‚Liebe & Sex zwischen 15 und 17' gestaltet sich 1984 erstaunlich freizügig. Der als Leserbericht bezeichnete Aufklärungsartikel, der das erste Mal eines fünfzehnjährigen Mädchens schildert, wird durch eine

---

[79] BRAVO 1976: S. 17
[80] BRAVO 1984: S. 46-49

ganzseitige Darstellung zweier bis auf die Unterwäsche entkleideter Jugendlicher ergänzt. Zur genaueren Betrachtung des barbusigen Mädchens lädt zudem die besonders ausgewiesene 3D-Darstellung dieses Fotos ein. Der Artikel, dessen Authentizität zumindest strittig ist, beschränkt sich auf eine eher romantische Schilderung der ersten sexuellen Erlebnisse zweier Jugendlicher. Eine gewisse Idealisierung der Geschehnisse kann dabei nicht abgestritten werden – natürlich spürt das Mädchen keinen Schmerz und natürlich kommen beide „bald gleichzeitig zum Höhepunkt".[81] Besonderer Fokus liegt bei dieser Erzählung auf dem fachgemäßen Gebrauch der Verhütungsmittel, womit eine aufklärende Funktion gegeben ist. Der sexuelle Kontakt zwischen den Jugendlichen wird offen thematisiert, Fachwörter werden anstelle von ‚blumigen' Umschreibungen verwendet.

Auch bei den Fragen an Dr. Sommer ist 1984 schon ein deutlicher Unterschied zu den 60er und 70er Jahren zu erkennen. Die Leserbriefe kreisen auffällig stark um sexuelle Praktiken und körperliche Funktionsweisen oder Anomalitäten. Es zeigt sich aber auch eine große Unsicherheit und Unwissenheit der jugendlichen Briefschreiber. So befürchtet ein fünfzehnjähriger Junge, dass seine Freundin trotz voller Bekleidung schwanger werden könnte. Zwei vierzehnjährige Mädchen befürchten, dass ein Gynäkologe ihnen bei einer Untersuchung große Schmerzen zufügen könnte und ein Sechzehnjähriger fürchtet impotent zu sein, da er keinen Samenerguss hat. All diese Briefe beweisen, dass ein erhöhter Aufklärungs- und Beratungsbedarf bei pubertierenden Jugendlichen besteht. Unsicherheiten, Unwissen und Ängste bringen sie dazu, an Dr. Sommer oder seine Kollegen zu schreiben. In den Antworten auf die Leserbriefe wird versucht, verständnisvoll auf die Probleme der Jugendlichen einzugehen und ihnen die Ängste zu nehmen. Man merkt jedoch auch, dass die Berater, die hinter dem Pseudonym Dr. Sommer stecken, sich nicht anmaßen, eine ärztliche

---

[81] BRAVO 1984: S. 27

Diagnose, Untersuchung oder gar Therapie zu ersetzen. In den meisten Fällen erfolgt der Hinweis, sich an einen Facharzt zu wenden. Borneman – selbst Schreiber einer sexuellen Ratgeberkolumne – formuliert es folgendermaßen, „Was aber von der Natur der Sache her unmöglich ist, ist die Erhebung einer Ferndiagnose. Was geradezu kriminell wäre, ist der Versuch einer Heilung. Der Gemeinnenner aller Ratgeberkolumnen ist, das dass sie [...] nur Informationen liefern können."[82]

Gleiches gilt damit auch für die Leserbriefe aus dem Jahr 1993. Hier gibt es mittlerweile zwei Ratgeberkolumnen. Während sich das Dr.-Sommer-Team in dieser Ausgabe mit der Frage, was heißt eigentlich ‚miteinander gehen‘, dem Fankult eines zwölfjährigen Mädchens und den Belästigungserfahrungen einer Fünfzehnjährigen beschäftigt, beantwortet die Frauenärztin Irene Kappler in ‚Liebe, Sex und Zärtlichkeit' eher biologische Fragen und solche, die unverblümter auf Sex eingehen. Besonders herausstechend ist der Brief eines fünfzehnjährigen Jungen, der von „verrückten Sexspielen"[83] mit seinen Freunden berichtet. In ihrer Antwort rät die Ärztin deutlich von solchen Praktiken ab und gibt zu bedenken, dass auch in „unserer in sexuellen Fragen relativ freizügigen Gesellschaft bestimmte Grenzen eingehalten werden"[84] sollten. Der Verweis auf die relativ freizügige Gesellschaft ist ein Hinweis auf den Zusammenhang von gesellschaftlichem Fortschritt und sexueller Enttabuisierung in den vergangenen 40 Jahren. In der Rubrik ‚Mein erstes Mal' schildert in diesem Heft ein fünfzehnjähriges Mädchen sein erstes sexuelles Erlebnis. Obwohl es sich hierbei anscheinend um tatsächliche Berichte von Jugendlichen handelt, wirkt die Darstellung stark romantisiert und beschönigt.

---

[82] Bornemann, Ernest: Grenzen und Chancen sexualwissenschaftlicher Ratgeberkolumnen in populären Zeitschriften. In: Kluge, Norbert (Hrsg.): Medien als Sexualaufklärer. Ein Tagungsbericht. Frankfurt am Main 1988. S.31

[83] BRAVO 1993: S. 31

[84] BRAVO 1993: S. 31

Offen bleibt die Frage, ob mit derlei idealtypischen Schilderungen ein Beitrag zur Aufklärung der jugendlichen Leser geleistet wird oder vielleicht doch eher – wie von Kritikern vermutet[85] – der sexuelle Leistungsdruck aufgebaut wird.

In der Foto-Love-Story ‚Runaway Jenny' werden 1993 die Themen des Ausreißens von zu Hause, Drogenkonsum und sexuelle Belästigung verarbeitet. Das Aufmerksam-Machen auf Gefahren beziehungsweise der mahnende Zeigefinger ist hinter dieser Geschichte deutlich zu erkennen, was dem bereits 1976 festgestellten moralisch-leitenden Charakter dieser Seiten entspricht.

Die Ratgeberseiten zum Thema Flirten aus der BRAVO von 1993 präsentieren sich recht wirklichkeitsfern und dienen kaum als Hilfestellung für Heranwachsende. Es werden Tipps und Tricks zum Flirten beim ersten Date versprochen, die dann tatsächlich in Form von vorformulierten Floskeln zum Auswendiglernen abgedruckt werden – wie beispielsweise, „Sie: Das mit dem Popcorn übernehme ich. Süß oder salzig? Daraufhin er: So süß wie du?"[86]. An der teils unrealistischen Darstellung von Partnerschaft, Dating oder Sexualität hat sich also auch in den 90er Jahren nicht wirklich etwas geändert.

Bei den Heften aus dem Jahr 2008 fällt auf, dass die Ratgeberkolumne ‚Liebe, Sex und Zärtlichkeit' mittlerweile nicht mehr zum Aufklärungsangebot der BRAVO gehört. Die Anfragen an das Dr.-Sommer-Team heben sich nicht besonders von denen aus dem Jahr 1993 ab. Auffällig ist ein Brief eines elfjährigen Jungen, der die konkrete Frage stellt, was eigentlich beim Sex passiert. Seine Frage zeigt den Aufklärungsbedarf des Jungen. Er interessiert sich für das Thema Sexualität, hat aber anscheinend noch keinerlei Informationen dazu erhalten – ein Hinweis darauf, dass die Aufklärung in Schule und Elternhaus nur sehr stiefmütterlich oder bislang gar nicht behandelt worden sein wird. In einem weiteren Brief schildert eine Vierzehnjährige, dass

---

[85] vgl. Wenzel: Sexuelle Fragen und Probleme Jugendlicher. Frankfurt 1990. S.47
[86] BRAVO 1993: S. 21

ihr Freund Nacktfotos von ihr machen will. Sie formuliert eindeutig ihr Misstrauen ihm gegenüber und vermutet sogar, dass er die Fotos verbreiten würde. Die Dr.-Sommer-Redaktion rät dem Mädchen daraufhin, auf keinen Fall solche Fotos machen zu lassen – ein gerade angesichts seines jungen Alters vernünftiger Rat zum Schutz des Mädchens. An solchen Beispielen kann man erkennen, dass die Leserbriefbeantwortung in BRAVO durchaus einen guten Zweck hat. Kritikerstimmen, die behaupten, die Briefe würden Jugendliche sexuell überreizen oder zu Dingen anstiften, an die sie sonst gar nicht gedacht hätten, missachten meiner Ansicht nach, dass es die Jugendlichen sind, die sich mit Fragen an die BRAVO wenden und dass die Beraterteams lediglich auf Fragen reagieren, welche die Jugendlichen anderswo anscheinend nicht beantwortet bekommen.

Das Heft Nr. 35 von 2008 beinhaltet die Rubrik ‚Dr. Sommer Bodycheck'. Ein Zwanzigjähriger und eine Achtzehnjährige haben sich hier nackt fotografieren lassen. Neben den Fotos findet der Leser ein Kurzinterview mit den beiden jungen Leuten, welches ihnen einen authentischen Charakter verleiht. Die vollkommene Entblößung Jugendlicher und ein unverblümtes Interview über Sex – das wäre wohl 1960 oder 1970 noch nicht möglich gewesen. Auf diesen Seiten wird zwar keine erläuternde Sexualaufklärung geboten, aber für manch einen jungen Leser mögen sie die erste Konfrontation mit einem nackten Mann beziehungsweise einer nackten Frau darstellen. Im Übrigen wird in dieser wöchentlichen Serie den Jugendlichen vermittelt, dass jeder Körper in seiner äußeren Erscheinung individuell verschieden ist.

Heft Nr. 33 aus dem Jahr 2008 gibt in einem ‚Dr. Sommer Special' einen Einblick in die Entwicklung, die ein Junge in der Pubertät durchmacht. Dabei wird relativ ausführlich auf hormonelle, äußere körperliche Veränderungen und die Gefühle, die ein Heranwachsender in dieser Zeit durchlebt, eingegangen. Ergänzt werden diese Ausführungen zum einen durch schematische

Darstellungen und zum anderen durch Fotografien der männlichen Geschlechtsorgane/-teile. Diese Seiten bieten insbesondere den männlichen Lesern eine differenzierte Aufklärung über ihre eigene Entwicklung.

Die Foto-Love-Stories von 2008 sind wie in den 70er Jahren wieder in sich abgeschlossene Kurzgeschichten. Eine handelt von einem Liebeserlebnis mit einem Geist, die andere erzählt die Geschichte eines Mädchens, dessen Freund es mit der eigenen Mutter betrügt. Beide Bilderromane wirken vollkommen unwirklich und dienen der reinen Unterhaltung. Eine moralische Botschaft ist hier keinesfalls zu erkennen. Sexualität wird in den Geschichten zwar thematisiert – die Fotos deuten jedoch sexuelle Handlungen nur an und sind damit nicht jugendgefährdend.

Die in diesem Kapitel festgestellten inhaltlichen Besonderheiten der Aufklärungsseiten und Leserbriefe der Jahre 1969 bis 2008 sollen im Folgenden in einen zeitlichen Vergleich des Stichprobenmaterials münden.

4. Vergleich des Stichprobenmaterials von 1989 bis 2008

Bei dem zeitlichen Vergleich des Stichprobenmaterials[87] sollen sowohl Kontinuitäten in den Aufklärungs- und Ratgeberseiten der BRAVO aufgezeigt werden, als auch vor allem Differenzen. Generell sollen die nachzuweisenden zeitlichen Unterschiede oder Veränderungen helfen, die eingangs formulierte These einer Enttabuisierung von Sexualität im Laufe der Zeit zu überprüfen.

Zunächst wird kurz auf die beständigen Elemente und Phänomene eingegangen. Danach werden die Veränderungen in den Briefen der BRAVO-Leser thematisiert, bevor abschließend die Entwicklung der Aufklärungsreportagen betrachtet wird.

---

[87] unter Ergänzung der Ergebnisse von Susanne Wenzel, 1990

4.1 Kontinuitäten

Bereits in der quantitativen Inhaltsanalyse konnte als Kontinuität der Umfang des Aufklärungs- und Beratungsangebotes festgestellt werden. Sowohl Aufklärungsreportagen als auch Leserbriefbeantwortung nahmen in den Jahren zwischen 1969 und 2008 ungefähr den gleichen Platz ein. Mal wurde eine Serie eingestellt – wie beispielsweise die Aufklärungsreihe von Dr. Korff – mal wurde das Beratungsangebot kurzzeitig ausgeweitet. Insgesamt kann man aber festhalten, dass die Sexualaufklärung seit Ende der 60er Jahre ein gleichermaßen wichtiger Bestandteil der BRAVO ist. Das Aufklärungs- oder Beratungsbedürfnis der Jugendlichen scheint also früher wie heute vorhanden gewesen zu sein. Interessant ist daher eher, in wie fern sich die Leserfragen inhaltlich verändert haben.

Zunächst muss aber eine weitere Kontinuität erläutert werden – die zum Teil zu Recht kritisierten unrealistischen Darstellungen von Partnerschaft und Sexualität in BRAVO. Beispielhaft seien hier die Schilderungen in der Rubrik ‚Mein erstes Mal', die fiktiven und moralisch überzeichneten Aufklärungsgeschichten von Dr. Korff oder auch die Foto-Love-Stories genannt. Bei Letzteren handelt es sich um Foto-Romane, das heißt ihr fiktiver Charakter wird nicht geleugnet. Daher soll auch die stark auf Unterhaltung zielende Darstellung von Liebe und Sexualität in den Foto-Love-Stories nicht kritisiert werden. Wohingegen die als authentisch proklamierten, aber vollkommen idealisierten Schilderungen – beispielweise des ersten Geschlechtsverkehrs – bei den jugendlichen Lesern unter Umständen falsche Vorstellungen oder sogar Leistungsdruck erzeugen können.

Neben dem generellen Aufklärungsbedarf der Jugendlichen zieht sich als zweiter roter Faden das gesteigerte Interesse an Fragen nach Partnerschaft und Liebe durch die vergangenen 40 Jahre BRAVO-Geschichte. Die quantitative Auswertung der Leserbriefe hat gezeigt, dass trotz inhaltlicher Veränderungen und Verschiebungen zu Gunsten von biologisch-sexuellen Fragen der sozial-kommunikative Bereich, zu dem vor allem Partnerschaftsbelange zählen, stets den größten Fragenanteil ausmacht.[88] Dies führt zu der Vermutung, dass Jugendliche – egal wie aufgeklärt oder tabufrei ihre Gesellschaft sein mag – zu jeder Zeit den größten Beratungsbedarf haben, wenn es um zwischenmenschliche sexuelle Probleme geht. Ein Bereich, der in der schulischen Aufklärung leider zumeist ausgeklammert wird.

Wie bereits erwähnt, sind bei der qualitativen Analyse der Leserbriefe deutliche Unterschiede im zeitlichen Verlauf festgestellt worden, die im folgenden Kapitel zusammengetragen werden sollen.

4.2 Unterschiede in den Fragen und Problemen Jugendlicher

Bei der Inhaltsanalyse der Leserbriefe zwischen 1969 und 2008 ist von drei Hauptthesen hinsichtlich zeitlicher Veränderungen ausgegangen worden – zum einen, dass sich das Alter der Briefschreiber verjüngt habe, zum anderen, dass sich der Inhalt der Briefe verschoben habe. Außerdem ist erwartet worden, dass Sexualität insgesamt im Laufe der Jahre offener thematisiert werde.

Dieser Thesenkomplex soll schließlich zusammen eine Antwort darauf geben, ob tatsächlich eine Enttabuisierung der Jugendsexualität stattgefunden hat.

Zum Alter der Leserbriefschreiber ist festzustellen, dass 1969 deutlich ältere Leser an BRAVO – genauer gesagt an Dr. Vollmer – geschrieben haben als in den späteren Jahrzehnten. Im Stichprobenmaterial finden sich hier Schreiber im Alter von 19 und 21 Jahren. In den untersuchten Jahrgängen ab 1976 sind die meisten jugendlichen Schreiber zwischen 13 und 17 Jahre alt. Wenzel hat zur Altersstruktur festgestellt, dass „im Jahrgang 1968 [...] die schreibenden Jungen und Mädchen rund zwei Jahre älter als in den folgenden Jahrgängen [sind], in

---

[88] vgl. Wenzel: Sexuelle Fragen und Probleme Jugendlicher. Frankfurt 1990. S.141, 171

denen sich keine wesentlichen Altersveränderungen mehr zeigen".[89] Außerdem bestimmt sie als Hauptgruppe der Leserbriefschreiber die Fünfzehn- und Sechzehnjährigen[90] – Ergebnisse, die sich relativ genau mit der hier durchgeführten Untersuchung decken. Als mögliche Erklärungen für diese Verjüngung der Leserbriefschreiber seien zum einen die Akzeleration und zum anderen die veränderten Einflüsse durch Gesellschaft und Medien zu nennen. Dass Akzeleration nicht der einzige Grund sein kann, sieht man an dem relativ abrupten Abfall des Alters seit Beginn der 70er Jahre und der darauf folgenden Stabilität des Altersdurchschnitts bis heute. Eine frühere körperliche Reife der Jugendlichen allein kann dieses Phänomen sicherlich nicht erklären. Die Vermutung liegt also nahe, dass die gesellschaftliche Revolution der 68er und die neue sexuelle Offenheit unter Erwachsenen auch bei den Jugendlichen ihre Spuren hinterlassen haben. Wenzel spricht in diesem Zusammenhang von einem „Nachholbedarf für sexuelle Fragen [...], die auf einmal möglich wurden"[91] – Fragen die man lange Zeit niemandem stellen konnte oder zu fragen wagte, fanden nun mit Aufkommen der Ratgeberkolumnen in BRAVO endlich eine Instanz der Beantwortung.

Zur zweiten Hypothese, der inhaltlichen Verschiebung der Leserbriefe im Laufe der Zeit, ist deutlich geworden, dass besonders der biologische Bereich der Sexualität und der Fragenbereich der Lustfunktion einen starken Zuwachs erfahren haben. Fragen zu sozial-kommunikativen oder individuell-psychologischen Problemen sind dafür im Vergleich weniger geworden. Warum aber stellen die jugendlichen Leser ungefähr seit den 80er Jahren verhältnismäßig viel mehr Fragen zu Sexualpraktiken, Verhütung oder körperlichen Funktionsweisen und Anomalitäten? Mangelnde Aufklärung in Schule und Elternhaus kann nicht die Ursache dafür sein, da diese zu jeder Zeit

---

[89] Wenzel: Sexuelle Fragen und Probleme Jugendlicher. Frankfurt 1990. S. 102
[90] vgl. ebd. S. 102
[91] Wenzel: Sexuelle Fragen und Probleme Jugendlicher. Frankfurt 1990. S. 352

vorherrschte. Ein möglicher Grund könnte auch hier in der gesellschaftlichen Liberalisierung von Sexualität und der Thematisierung in den Medien liegen. Jugendliche werden beispielweise heute durch Film und Fernsehen viel früher und unverhüllter mit sexuellen Praktiken konfrontiert. Daraus ergibt sich anscheinend eine Fülle von Fragen, die in der BRAVO Beantwortung finden. Damit geht wiederum eine zunehmende Diskussion sexueller Fragestellungen unter Jugendlichen einher, die ihrerseits zu weiteren Fragen und Unsicherheiten führen kann. Ebenso verhält es sich mit der Zunahme der Fragen zur sexuellen Lustfunktion. Jugendsexualität ist gesellschaftlich nicht mehr verpönt, es darf offen darüber diskutiert werden – also nehmen die Jugendlichen auch eine freiere Einstellung zu ihrer eigenen Sexualität an. Die eigene Lust am Sex steht heute stärker im Vordergrund als Ängste, Gewissensbisse oder Schüchternheit – wie man es den Leserbriefen aus früheren Jahrzehnten entnehmen kann.[92] In dieser Hinsicht kann der Hypothese einer Enttabuisierung von Sexualität unter Jugendlichen also deutlich zugestimmt werden.

Im Prinzip ist damit auch schon der dritten Vermutung, Sexualität werde offener thematisiert, nachgegangen worden. Es werden eindeutig, insbesondere seit den 80er Jahren, mehr Fragen zur Sexualität im körperlichen Sinne gestellt. Fragen wie ‚was passiert beim Sex?‘, ‚wie wird man schwanger?‘ oder ‚wie kann ich meinen Freund befriedigen?‘ sind Beispiele hierfür. Die Jugendlichen interessieren sich ganz offensichtlich für sexuelle Praktiken und formulieren ihre Fragen in klaren und eindeutigen Worten. Umschreibt eine Neunzehnjährige 1969 das erste Mal mit ihrem Mann noch mit den Worten, „in der Hochzeitsnacht gehörte ich ihm ganz“[93], so formuliert eine Sechzehnjährige 2008 für ihr erstes Mal unverblümt, „er konnte seinen Penis nicht einführen,

---

[92] vgl. Wenzel: Sexuelle Fragen und Probleme Jugendlicher. Frankfurt 1990. S. 350-351
[93] BRAVO 1969, S. 86

weil meine Scheide zu eng war".[94] An diesem Beispiel wird deutlich, dass Jugendliche heute eine viel präzisere Sprache verwenden, wenn sie von Sexualität sprechen. Sie benutzen Fachbegriffe an Stelle vager oder verharmlosender Umschreibungen – Schmusen heißt heute Petting.

Es lässt sich also ein offenerer Umgang mit Sexualität im Wandel der Zeit erkennen. Das heißt jedoch nicht, dass Jugendliche heute ihrer Sexualität konfliktfreier gegenüberstehen. Sie werden zwar in den Medien früher und direkter damit konfrontiert und durch Zeitschriften wie BRAVO sind sie möglicherweise früher aufgeklärt – aber mit zunehmender Thematisierung von Sexualität ergibt sich auch viel eher die Möglichkeit, sich mit anderen zu vergleichen. Ängste, dass der eigene Körper vielleicht nicht der Norm oder einem Schönheitsideal entspricht oder der Leistungsdruck, den Partner zu befriedigen und bloß nicht in der Entwicklung hinter Gleichaltrigen hinterherzuhinken – dies sind Konflikte, mit denen sich Jugendliche offensichtlich, wenn man die Ergebnisse der Inhaltsanalyse berücksichtigt, in den letzten zwei Jahrzehnten viel stärker auseinandersetzen (müssen) als noch in den 60er und 70er Jahren.[95] Hinzu kommt, dass sich allein aus der Tatsache, dass Jugendliche heute viel eher sexuelle Beziehungen aufnehmen als früher, zahlreiche neue Problemfelder ergeben wie die Angst vor Schwangerschaft bei Minderjährigen oder die Angst vor Geschlechtskrankheiten.

4.3 Die Veränderung der Aufklärungsseiten

Die quantitative und qualitative Inhaltsanalyse der Aufklärungsreportagen und Artikel der verschiedenen Jahrzehnte des Stichprobenmaterials hat einige zeitliche Veränderungen gezeigt, die mit den Ergebnissen des Vergleichs der Leserbriefe harmonieren.

---

[94] BRAVO 2008, S. 62

[95] vgl. Wenzel: Sexuelle Fragen und Probleme Jugendlicher. Frankfurt 1990. S. 351

So ist die bereits bekräftigte Hypothese einer Enttabuisierung von Jugendsexualität auch auf den Aufklärungsseiten zu spüren. Besonders die bildliche Darstellung fällt dabei ins Auge – schmückten 1969 und 1976 noch ,harmlose' Fotos oder gar Zeichnungen ohne sexuelle Inhalte die Aufklärungsberichte, so wird bereits 1984 ein Bericht durch das Bild eines nackten Mädchens ergänzt. In den aktuellen Heften von 2008 beweisen die Rubrik des ,Dr.-Sommer-Bodychecks' und die Fotografien männlicher Geschlechtsteile dann schließlich, dass eine Liberalisierung hier stattgefunden hat – Nacktheit ist längst kein Tabu mehr, auch nicht in einer Jugendzeitschrift.

In Kapitel 4.1 ist darauf eingegangen worden, dass früher wie heute oft klischeehafte oder idealisierte Aufklärungsberichte in der BRAVO abgedruckt wurden. Allerdings überwiegen seit den 90er Jahren die biologisch-medizinisch tatsächlich aufklärenden Berichte gegenüber den fiktiven Aufklärungsgeschichten im Stil eines Dr. Korffs. Damit kommt die BRAVO-Redaktion dem bereits an den Leserbriefen festgestellten gesteigerten Interesse der Jugendlichen am biologischen Bereich der Sexualität entgegen.

Des Weiteren ist anzumerken, dass im zeitlichen Vergleich die moralische Erziehung hinter den Aufklärungsseiten merklich zurückgegangen ist. In den ersten Jahrzehnten der BRAVO-Geschichte ist den Aufklärungsberichten größtenteils eine moralische Gesinnung anzumerken. Gesellschaftlich nicht anerkannte oder verachtete Formen von Partnerschaft oder Sexualität werden verurteilt, beispielsweise die Liebe zu einem reiferen Partner oder die Scheidung. Selbst die Foto-Love-Story, die hauptsächlich spannend und unterhaltend sein soll, lässt 1969 noch eine erzieherische Intention erkennen. Auch heute haben natürlich Ratgeberkolumnen und Aufklärungsseiten noch eine gewisse erzieherische Funktion, zum Beispiel indem sie Jugendlichen raten, sich bei gewissen Problemen an Ärzte zu wenden oder indem sie über Geschlechtskrankheiten aufklären. Der Unterschied ist jedoch, dass heute gesellschaftliche Normen nicht so stark durchzuspüren sind wie noch in den 70er Jahren – beziehungsweise die Gesellschaft bereits so liberal geworden ist, dass weniger sexuelle Normen vorgegeben werden.

5. Fazit

Bei der Auseinandersetzung mit dem Thema ‚Sexualerziehung in der BRAVO' stößt man auf eine Fülle von Kritik und Vorwürfen gegenüber den Aufklärungsseiten und Ratgeberkolumnen in Jugendzeitschriften. Doch eines hat diese Untersuchung mit Sicherheit bewiesen – der Aufklärungsbedarf unter Jugendlichen war und ist unglaublich groß; und anscheinend ist die BRAVO bis heute ein angenehmerer Ansprechpartner bei sexuellen Belangen als es Schule oder Elternhaus sind. Aus diesem Grund sollte man sich – bevor man die Aufklärungsarbeit von Jugendzeitschriften verurteilt – fragen, wie man dem Wissenshunger der Jugendlichen in sexuellen Fragen ansonsten nachkommen könnte.

Informationsbedarf bestand also schon 1969 und er besteht noch heute. Entscheidend ist jedoch, dass die vorliegende Analyse gezeigt hat, dass der gesellschaftliche Fortschritt, sowie maßgeblich die sexuelle Revolution der 68er und der Folgejahre, deutlich in den Leserbriefen der Jugendlichen zu spüren sind. Es hat eine Enttabuisierung von Sexualität in der Gesellschaft stattgefunden, die an den Jugendlichen keineswegs vorbeigegangen ist. Zu spüren ist dieser Veränderungsprozess unter anderem in dem sinkenden Alter der jugendlichen Briefschreiber, in der Häufung von Fragen zum biologischen Bereich der Sexualität und in der viel präziseren und offeneren Sprache der Jugendlichen. Besonders der Zuwachs von Leserbriefen zu Sexualpraktiken, und zur sexuellen Lustfunktion im Allgemeinen, beweist, dass Jugendliche heute anders mit ihrer eigenen Sexualität umgehen als früher – natürlich bedingt durch die gesellschaftlichen Verhältnisse, in denen sie leben. Vermutlich hätten

Jugendliche in den 60er Jahren schon ähnliche Fragen gerne beantwortet gewusst, aber die Tabus und Normen der damaligen Zeit gaben ihnen einfach keinen Raum, um darüber zu schreiben oder zu reden.

Die vergangenen Jahrzehnte sind also durch eine Liberalisierung und Enttabuisierung von Jugendsexualität gekennzeichnet. Nichtsdestoweniger oder vielleicht gerade aus diesem Grund ist eine umfassende und auf Jugendliche zugeschnittene Aufklärung immens wichtig. Die Leserbriefe haben gezeigt, dass Jugendliche heute mit einer Vielzahl von Ängsten und einem sexuellen Leistungsdruck zu kämpfen haben; sie jagen Schönheitsidealen hinterher und messen sich ständig mit anderen – nicht zuletzt, weil sie in den Medien mit Sexualität und Nacktheit permanent konfrontiert werden. Die Aufgabe einer angemessenen Sexualerziehung kann also nur sein, Informationen zu vermitteln, Ängste zu nehmen und den Jugendlichen zu zeigen, dass sie mit ihren Problemen nicht allein stehen. Indem sie Jugendlichen ein Forum für ihre sexuellen Ängste und Konflikte bietet, leistet die BRAVO ihren Beitrag zur Aufklärung der Jugendlichen – heute wie vor 40 Jahren.

Literaturverzeichnis

Primärliteratur

BRAVO Nr. 20, 12 Mai 1969. München

BRAVO Nr. 17, 15. April 1976. München

BRAVO Nr. 18, 26. April 1984. München

BRAVO Nr. 49, 2. Dezember 1993. München

BRAVO Nr. 33, 6. August 2008. München

BRAVO Nr. 35, 20. August 2008. München

Sekundärliteratur

Bornemann, Ernest: Grenzen und Chancen sexualwissenschaftlicher
Ratgeberkolumnen in populären Zeitschriften. In: Kluge, Norbert (Hrsg.):
Medien als Sexualaufklärer. Ein Tagungsbericht. Frankfurt am Main 1988.
S.31

Fröhlich, Rolf W.: Verhaltensdispositionen, Wertmuster und Bedeutungsstruktur
kommerzieller Jugendzeitschriften. Inhaltsanalytische Darstellung von
BRAVO, OK und WIR. München 1968.

Kluge, Norbert (Hrsg.): Medien als Sexualaufklärer. Ein Tagungsbericht.
Frankfurt am Main 1988.

Knoll, Joachim H.; Stefen, Rudolf: Pro und Contra BRAVO. (Schriftenreihe der
Bundesprüfstelle für jugendgefährdende Schriften) Baden-Baden 1978

Knoll, Joachim H.; Monssen-Engberding, Elke (Hrsg.): BRAVO, Sex und
Zärtlichkeit. Medienwissenschaftler und Medienmacher über ein Stück
Jugendkultur. Mönchengladbach 2000.

Vom Einfluss der modernen Pornographie auf das Sexual- und Selbstempfinden im 21. Jahrhundert

Martin Wutstrack

2012

1. Einleitung

Pornographie – Kaum ein anderes Konsumgut hat derart massiv von der Erfindung des Internets profitiert. Als Besitzer eines handelsüblichen Computers mit Anbindung an das World Wide Web ist man heute quasi nur noch den einen obligatorischen Mausklick von der größten Ansammlung digitaler Lust entfernt. Von Analverkehr, Cumshots, über Sodomie bis hin zu Massenorgien und gestellten Vergewaltigungen wird der findige oder zahlungsbereite Endverbraucher mit so ziemlich jeder nur denkbaren Fantasie versorgt – ohne sich dabei in der Öffentlichkeit für seine Vorlieben schämen oder gar rechtfertigen zu müssen. Was noch vor dreißig Jahren in ominösen Hinterhofgeschäften in braune Plastiktüten gepackt und in der Manteltasche versteckt in die heimischen Wände getragen wurde, ist heute für jeden völlig anonym und in trauter Privatsphäre zugänglich. Beinahe scheint es so, als hätte die massive Präsenz der Internetpornographie einen Befreiungsschlag der modernen Sexualität ausgelöst. Doch in Zeiten des Schönheitswahns, dem Streben nach körperlicher Perfektion und dem Nacheifern von Leinwand- und Musikgrößen in Aussehen, Stil und Auftreten, birgt besonders das ästhetische Erfassen eines solchen Mediums große Gefahren für das Selbstwertgefühl der Konsumenten.

Im Folgenden soll auf den Einfluss der modernen Pornographie auf das Sexual- und Selbstempfinden eingegangen werden. Zentrale Fragestellung hierbei ist, ob und inwiefern der Konsum von pornographischen Inhalten nachhaltigen Einfluss auf Selbstempfinden, Sexualpraktik und die sexuelle und körperliche Wahrnehmung im Allgemeinen hat. Zunächst soll ganz im Sinne einer kulturgeschichtlichen Auseinandersetzung die historische Entwicklung der Pornographie als informierter Einstieg dienen. Als die wohl wichtigste Existenzgrundlage für die moderne Pornoindustrie ist selbstverständlich die Masturbation zu nennen, demzufolge gebührt der Autosexualität im Kontext des

Konsums pornographischer Inhalte eine ebenso große Beachtung für die Beantwortung der zentralen Fragestellung. Anschließend soll im Hauptteil dieser Seminararbeit gezielt der Einfluss des Pornographiekonsums auf die zentralen Aspekte von Selbstempfinden und Sexualverhalten analysiert und aufgezeigt werden. Dabei stehen vor allem der Vergleich der eigenen körperlichen Merkmale sowie die Adaption des in pornographischen Inhalten gezeigten Verhaltens für das eigene Sexualleben im Fokus. Erbracht werden die Erkenntnisse dieser Arbeit durch eine eigens von mir für diese Seminararbeit durchgeführt Kleinstudie mit über 100 Teilnehmern. Zwar beansprucht diese Umfrage keine repräsentative Charakteristik, jedoch lässt sich ein deutlicher Trend erkennen, der einen interessanten Beitrag zur Beantwortung der Frage nach dem Einfluss der Pornographie auf das Sexual- und Selbstempfinden leistet.

2. Die Geschichte der Pornographie: Von der Höhlenmalerei zum Full HD-Erlebnis

Betrachtet man die derzeitige gesellschaftliche Einstellung zur Pornographie, aber vor allem die vielen Kontroversen, die sich mit Jugendschutz, Ethik und moralischer Herangehensweise im Sinne der Produktion pornographischer Inhalte befassen, könnte man durchaus zu dem Schluss kommen, dass pornographische Darstellungen ein neuzeitliches Kulturphänomen sind. Doch bereits primitive Höhlenmalereien zeigen den Menschen beim Koitus und zeugen davon, dass die Darstellung des sexuellen Akts keineswegs ein Produkt des 20. Jahrhunderts ist.[96]

Den ersten Nachweis für pornographische Kunst auf detailliertem Niveau erbrachte der Archäologe Karl Müller 1839 bei Ausgrabungen in Pompeji und in vielen antiken Kulturstätten Griechenlands. Fundstücke wie Wandbilder,

---

[96] Vgl. John Clarke: „Ars Erotica", Primus Verlag, Darmstadt, 2009; S. 9ff

Fresken, Vasen und Gemälde zeigten mitunter eindeutige Darstellungen des Geschlechtsverkehrs beziehungsweise sexueller Handlungen, was Müller zu der Bezeichnung „Pornographie" bewegte, deren Etymologie einer Kombination aus dem altgriechischen „porne" (dt. „Dirne") und „graphein" (dt. „schreiben") entspricht.[97] Die öffentliche, ungehemmte Darstellung der eigenen Sexualität mag aus heutiger, christlich geprägter Sicht mitunter anstößig oder gar pervers erscheinen, jedoch ist hierbei zu bemerken, dass dieser offene Umgang mit den sexuellen Aspekten der Geschlechter von Kulturen zeugt, die ihre Grenzen strikt im Sozialen zogen.[98] Der Verlust dieser natürlichen sexuellen Offenheit ist selbstverständlich eine Folge der christlichen Glaubensverbreitung und der damit verbundenen Einbringung von sexueller Moral und Ethik.

Die Anfänge der modernen Pornographie finden sich ebenfalls in Italien. Der Künstler Giulio Romano erstellte im frühen 16. Jahrhundert sechzehn detaillierte Gravuren, die römische Gottheiten beim Geschlechtsakt zeigten.[99] Natürlich waren diese im römisch-katholischen Italien schnell verpönt und sorgten besonders beim amtierenden Papst Clement VIII. für Aufruhr. Ein daraus resultierender Meilenstein der modernen Pornographie waren schließlich die Werke des Literaten Pietro Aretino, der die Gravuren Romanos mit seinen erotischen, teils aber auch sehr expliziten literarischen Ergüssen kombinierte und so den ersten, durch eine Handlung unterstützten pornographischen Bildband kreierte.[100]

Im 18. Jahrhundert folgte schließlich ein kontroverser Einschnitt in die bis dato vergleichsweise fromme pornographische Literatur. Donatien-Aphonse-Francois, Comte de Sade, der breiten Öffentlichkeit besser bekannt als der

---

[97] Vgl. John Clarke: „Ars Erotica", Primus Verlag, Darmstadt, 2009; S. 12

[98] Vgl. A. Smithee, J. Wilms, O. Jacobs: „Die Geschichte der Pornographie", Hoferichter & Jacobs, TV-Dokumentation, 2008

[99] Vgl. John Clarke: „Ars Erotica", Primus Verlag, Darmstadt, 2009; S. 25f

[100] Vgl. John Clarke: „Ars Erotica", Primus Verlag, Darmstadt, 2009; S. 27

„Marquis de Sade“, veröffentlichte eine Reihe von pornographischen Geschichten, die als Ursprung der gewalttätigen Sexualdarstellung gelten. Extreme Praktiken, wie Vergewaltigungen, Folter und körperliche Gewaltanwendung vermischten sich mit sexuellem Lustempfinden. Obschon der Marquis de Sade seinerzeit als verstörender Literat galt, fanden seine Werke großen Anklang im französischen Untergrund und prägten das philosophische Bild des 18. Jahrhunderts.[101]

Ein extrem großer Evolutionssprung gelang der modernen Pornographie dank der Erfindung der Fotografie in der Mitte des 19. Jahrhunderts. Schon wenige Jahre nach der Verbreitung dieser revolutionären, weltverändernden Technik erschienen erste pornographische Ablichtungen; zunächst in Paris, später auch weltweit.[102] Durch die stetige Weiterentwicklung der Printmethoden und den raschen Fortschritten in Farbe und Bildqualität entstand Ende des 19. Jahrhunderts ein heranwachsender Industriezweig zur Herstellung pornographischer Bilder. Mit der Erfindung der Kinematographie expandierte diese Industrie enorm und etablierte sich sowohl im Print- als auch Filmgeschäft.[103] Selbstverständlich war diese freizügige Darstellung sexueller Handlungen einer Vielzahl von staatlichen Behörden ein Dorn im Auge. Sowohl in den Vereinigten Staaten als auch in Europa wurde der Vertrieb pornographischer Filme strengstens verboten und unter Strafe gestellt – was jedoch, wie auch im Falle der großen Alkohol-Prohibition, den findigen Hobbyisten nicht davon abhielt, pornographische Fotografien und Filme privat zu produzieren und zu vertreiben. Diese sogenannten „Junggesellenfilme“ waren

---

[101] Vgl. Lynn Hunt: „The Invention of Pornograph“, Zone Verlag, New York, 1993; S. 389

[102] Vgl. A. Smithee, J. Wilms, O. Jacobs: „Die Geschichte der Pornographie“, Hoferichter & Jacobs, TV-Dokumentation, 2008

[103] Vgl. A. Smithee, J. Wilms, O. Jacobs: „Die Geschichte der Pornographie“, Hoferichter & Jacobs, TV-Dokumentation, 2008

zwar qualitativ minderwertig, zeigten jedoch explizite sexuelle Handlungen und ähnelten der Darstellungsweise heutiger Pornofilme sehr.[104]

Mit der Legalisierung von Pornographie in Dänemark im Jahr 1969 überrollte eine Welle von dort produzierten Inhalten Europa, was letztlich aufgrund des anwachsenden illegalen Konsums zu weiteren Legalisierungsmaßnahmen in einer Vielzahl europäischer Staaten führte. Besonders die 70er Jahre brachten einen explosionsartigen Aufschwung und gleichbedeutend die Entstehung der modernen Pornoindustrie.[105] Zunächst war der Konsument auf spezielle Etablissements oder Kinos beschränkt, jedoch brachte die Entwicklung des VHS-Systems eine signifikante Wende für den privaten Gebrauch von Pornographie. Die 80er und 90er Jahre wurden durch dieses Medium geprägt und bescherten der „Erwachsenenindustrie" horrende Einnahmen im dreistelligen Millionenbereich. Mit der Etablierung des World Wide Webs Mitte der 90er Jahre zeigte sich der wohl größte und für den Konsumenten bedeutendste Entwicklungssprung: Fortan konnte Pornographie nicht nur in den eigenen vier Wänden konsumiert werden, auch die Beschaffung wurde zunehmend kostenfrei.[106] Während die Auflagen von pornographischen Magazinen stetig verkleinert werden, wachsen die Verkaufszahlen von Internet-basierter Pornographie jährlich und erreichten im Jahr 2006 einen Gesamtumsatz von annähernd 3 Milliarden US-Dollar[107], mit einem deutschen

---

[104] Vgl. Peter Lehman: „Pornography: Film and Culture", Rutgers University Press, New Jersey, 2006; S. 201f

[105] Vgl. Peter Lehman: „Pornography: Film and Culture", Rutgers University Press, New Jersey, 2006; S. 199

[106] Vgl. Peter Lehman: „Pornography: Film and Culture", Rutgers University Press, New Jersey, 2006; S. 269

[107] Vgl. Peter Lehman: „Pornography: Film and Culture", Rutgers University Press, New Jersey, 2006; S. 280

Anteil von mehr als einer Milliarde US-Dollar – was Deutschland zum zweitgrößten Markt für Pornographie weltweit macht.[108]

Besonders das stetige Wachstum und die Wirtschaftlichkeit der modernen Pornographie zeugen von der imminenten Präsenz dieses Mediums. Besonders hervorzuheben ist die Tatsache, dass pornographische Inhalte auch immer ein Wegbegleiter der technologischen Evolution waren und noch heute massiv zur Etablierung und Verbreitung neuer Medien beitragen, so beispielsweise die Verbreitung des hochauflösenden TV-Formats. „Full HD"-Pornographie ist der momentan bedeutendste Wachstumsfaktor der Industrie und bewirkt gleichzeitig einen Fortschritt in sowohl Bildqualität als auch Ästhetik und Handlungsanspruch.

3. Von der Existenzgrundlage der Pornoindustrie: Die Geschichte der Masturbation

Moderne pornographische Inhalte dienen in beinahe achtzig Prozent der Fälle dem Zwecke der Selbstbefriedigung – was darüber hinausgeht, ist Teil des Liebesaktes.[109] Daher nimmt die Autoerotik einen ausschlaggebenden Stellenwert bei der Produktion von Pornographie in Anspruch und kann gleichbedeutend als die häufigste Begründung für den käuflichen Erwerb von pornographischen Inhalten betrachtet werden. Aus diesem Grund soll im Folgenden ein kurzer Abriss der Geschichte der Masturbation dazu beitragen, die Verbindung zwischen Pornographie-Nachfrage und gesellschaftlich-medizinischer Entwicklung der Selbstbefriedigung zu verdeutlichen.

Wie auch im Umgang mit der Sexualität im Allgemeinen waren die antiken Kulturen der Masturbation gegenüber recht ungehemmt eingestellt. Besonders

---

[108] Vgl. Tobias Lill: „Das Ende des Pornofilm-Verleihs", Spiegel Verlag (Spiegel Online), Hamburg, 13.02.2007

[109] Vgl. Jean Stengers: „Masturbation: The History of a Great Terror", Palgrave Verlag, New York, 2001; S. 5

die Griechen betrachteten Selbstbefriedigung als natürliches Antidepressivum und Abhilfe gegen sexuelle Frustration.[110] Eine drastische Wende nahm diese Freizügigkeit im Umgang mit dem eigenen Körper abermals mit Beginn der Christianisierung und der Einbringung katholischer Moral.[111] Insbesondere das Mittelalter bescherte seiner Jugend einen sündhaften und verklemmten Bezug zum eigenen Körper, „widernatürliche Unzucht" stand unter Strafe. Im 18. Jahrhundert bediente man sich erstmals angeblich medizinischer Aspekte zur Abschreckung vor Masturbation.[112] Darunter fiel vor allem das Riskieren tödlicher oder lebenseinschränkender Krankheiten wie beispielsweise Tuberkulose, Krebs, Lepra oder die allseits bekannte Erblindung. Dabei besonders interessant war die Meinung, dass Masturbation das Rückenmark verkleinere und eine Aufweichung des Gehirns begünstige, sprich zu Dummheit und körperlichen Gebrechen führe.[113] Mit der Behauptung, dass Selbstbefriedigung die gesellschaftliche Isolation fördere und stellvertretend für einen egozentrischen Charakter stehen würde, erreichte die Scheinwissenschaft im Sinne der Masturbation ihren Höhepunkt.

Ein bedeutender Befürworter der Selbstbefriedigung war der österreichische Psychologe Sigmund Freud. In seinen Thesen zu den Phasen der psychosexuellen Entwicklung beschrieb er die „genitale Phase", also das Erwachen der Sexualität und der Triebe im Rahmen der beginnenden Pubertät, als natürlichen Umgang mit dem eigenen Körper.[114] Freuds Thesen und die seiner Nachfolger führten das sexuelle Empfinden ins 20. Jahrhundert, das zwar

---

110 Vgl. Jean Stengers: „Masturbation: The History of a Great Terror", Palgrave Verlag, New York, 2001; S. 101

111 Vgl. Jean Stengers: „Masturbation: The History of a Great Terror", Palgrave Verlag, New York, 2001; S. 101f

112 Vgl. Jean Stengers: „Masturbation: The History of a Great Terror", Palgrave Verlag, New York, 2001; S. 115f

113 Vgl. WS 10/11 Seminar: „Sex. Verborgene Lüste in der Geschichte.", (frei nach) apl. Prof. Dr. Florian Mildenberger

114 Vgl. Sigmund Freud: „Drei Abhandlungen zur Sexualtheorie", Nikol Verlag, Hamburg, 2010; S. 89ff

nicht gerade von einem durchweg unverklemmten Umgang mit der Sexualität im Allgemeinen geprägt war, jedoch in weiten Teilen der Welt die Autoerotik nicht gänzlich verteufelte.

Heute ist Masturbation aus dem alltäglichen Leben nicht wegzudenken. Sie wird in der Öffentlichkeit diskutiert, ist Thema in akademischen Seminaren und hat sich, entgegen aller Bemühungen der Kirche, zu einem verhaltenspsychologisch anerkannten Indiz für eine gesunden Einstellung zur eigenen Sexualität entwickelt. Daher ist es nicht verwunderlich, dass mit der größeren öffentlichen Toleranz von Selbstbefriedigung und der Ausmerzung von scheinwissenschaftlichen oder religiösen Behauptungen auch zeitgleich die Entwicklung der Pornoindustrie einsetzte. Da man nun nicht mehr dem Aberglauben verfallen war, durch rege Masturbation seine Lebenserwartung zu halbieren, konnten sorg- und hemmungslos die Triebe eigenständig gestillt werden. Demnach ist die Masturbation als Existenzgrundlage für die Pornoindustrie von signifikanter Bedeutung, denn ohne die ungehemmte Ausübung dieser autoerotischen Handlungen wäre der Bedarf an pornographischen Inhalten praktisch nicht gegeben.

Im Folgenden soll nun ergründet werden, inwiefern sich der Einfluss der Pornographie auf das Selbstempfinden des Konsumenten niederschlägt. Dabei wird nicht, wie üblich, vorrangig auf bereits vorhandene Studien oder Literatur zurückgegriffen, sondern vielmehr der Versuch gewagt, eine eigenständige Erkenntnisgewinnung zu erreichen. Im Rahmen einer Online-Umfrage wurden 152 Personen im Alter von 18 bis 30 Jahren mehrere themenrelevante Fragen gestellt, die einen, wenn auch nicht repräsentativen, aber dennoch Trend gebenden Aufschluss über den Einfluss der Pornographie auf das Selbst- und Sexualempfinden geben. Der Anteil an weiblichen und männlichen Teilnehmern betrug dabei jeweils genau fünfzig Prozent, daher sind die aus der Umfrage abzuleitenden Schlussfolgerungen für beide Geschlechter gleichermaßen gültig.

Rund 87 Prozent der Befragten sind im Besitz der Allgemeinen Hochschulreife oder gar eines Hochschulabschlusses. Für die Abschnitte 4 und 5 dieser Seminararbeit sind spezifische Fragen gestellt worden, um größtmöglichen Bezug zum jeweiligen Themenfeld herstellen zu können.

Um einen informierten Einstieg zu ermöglichen, sei zunächst geschildert, wie die Befragten ganz allgemein mit dem Thema „Pornographie" umgehen und diese in ihr Alltagsleben einbauen.

Rund 38 Prozent der Umfrageteilnehmer gaben an, dass pornographische Inhalte in weiten Teilen der westlichen Kultur eine öffentlich Akzeptanz erfahren, weitere 19 Prozent würdigen die erotischen Inhalte gar mit der Eigenschaft als wesentlicher Bestandteil der westlichen Kultur. Dem entgegen stehen insgesamt rund 43 Prozent, die Pornographie als schlichtweg nicht akzeptiert beziehungsweise als Tabuthema innerhalb unserer Gesellschaft betrachten. Dieses Ergebnis lässt erkennen, dass selbst in unserem durchaus extrem sexuell aufgeklärten Kulturkreis die direkte Darstellung des Sexualaktes auch heute noch einem gewissen Zwiespalt innerhalb der Gesellschaft unterliegt. In diesem Zusammenhang äußerst interessant ist die Tatsache, dass beinahe 86 Prozent der Befragten angeben, bereits pornographische Inhalte konsumiert zu haben oder dies weiterhin tun, was schlichtweg bedeutet, dass eine gewisse Anzahl der Teilnehmer ihr eigenes Konsumverhalten als nicht akzeptiert oder gar als Tabu betrachten. Ganz allgemein lässt sich aus diesem Umfragewert natürlich auch der Rückschluss ziehen, dass beinahe jeder Deutsche im Alter von 18 bis 30 Jahren bereits mit Pornographie konfrontiert wurde beziehungsweise diese freiwillig konsumiert – und wie das Ergebnisse der Frage nach der Häufigkeit des Konsums von Pornographie zeigt, geschieht diese freiwillige Handlung in regelmäßigen Abständen. Ebenso von der Offenheit der Gesellschaft im Umgang mit regelmäßigem Pornographie-Konsum zeugt die Tatsache, dass circa 73 Prozent der Befragten das Betrachten von pornographischen Inhalten bei ihrem Sexual- oder Lebenspartner dulden; die verbleibenden 27 Prozent empfinden zwar einen gewissen Widerwillen, lassen den pornographischen Ausflug ihres Partner jedoch aus Gründen der Toleranz zu. Wie dieser Ausflug in der Regel geschieht, zeigt die Umfrage ebenfalls mehr als deutlich: Jegliche pornographischen Inhalte werden von den Befragten über das Internet bezogen, andere mögliche Bezugsquellen wie Bücher, Magazine, Versandhandel oder gar Ladengeschäfte werden gänzlich außer Acht gelassen. Das Internet hat sich Zeit seines Bestehens zur Pornographie-Quelle Nummer Eins entwickelt und stellt die wohl größte Existenzgrundlage für die Pornoindustrie dar. Der Konsument schätzt dabei vor allem die schnelle, vielseitige, aber vor allem anonyme Auswahl an Inhalten jeglicher Vorliebe und obschon in vielen Fällen auf jene Inhalte völlig kostenfrei zugegriffen werden kann, scheuen sich 21 Prozent der Umfrageteilnehmer nicht davor, eine der vielen kostenpflichtigen Webseiten in Betracht zu ziehen oder diese gar schon zu nutzen.

Aus dieser Voruntersuchung der allgemeinen Fragen wird schnell ersichtlich, dass Pornographie beim besten Willen kein beiläufiges Thema zu sein scheint, sondern durchaus für viele junge Menschen längst zum Alltag gehört. Umso bedeutender ist die nachfolgende Beantwortung der Frage, inwiefern das Konsumieren von pornographischen Inhalten uns in unserem Selbstempfinden und Sexualleben tagtäglich beeinflusst.

4. Die Einflüsse der modernen Pornographie auf das Selbstempfinden

Zu klein, zu groß, nicht ansehnlich genug oder schlichtweg krumm – für sexuelle Unzulänglichkeiten am eigenen Körper gibt es viele Attribute. Sowohl Mann als auch Frau unterliegen seit Jahrtausenden einer gewissen ästhetischen Erwartungshaltung durch einen potenziellen Sexualpartner, jedoch haben sich die Ansprüche an bestimmte Eigenschaften deutlich erhöht, was nicht zuletzt auf den enormen Schönheitswahn seit Mitte des 20. Jahrhunderts zurückgeht. In

Zeiten von Hochglanzfotografie und Photoshop-Retusche ist der plakativ genutzte menschliche Körper der Perfektion zum Greifen nah und verzerrt insbesondere seit den 90er Jahren das Selbstbild unserer Gesellschaft. Doch während sich Internet-Dilettanten und WWW-Verweigerer lediglich mit den getunten Hollywood-Schauspielerinnen auf den Titeln der TV-Illustrierten auseinandersetzen müssen, gerät der versierte Computernutzer in die Fänge einer ganz anderen Gefahr: Dem Konsum von Pornographie. Längst hat sich auch die Erotik-Industrie die Vorzüge von Software-Bearbeitung und Gauß'schem Weichzeichner zu Nutze gemacht und so eine ästhetisch ansprechende Perfektion geschaffen, die das Potenzial besitzt, das Selbstempfinden des Nutzers radikal zu beeinflusst und infrage zu stellen.

Der soziale Vergleich oder gar das miteinander Konkurrieren gehören zu unseren Alltäglichkeiten, unabhängig von Gesellschaftsschicht, Alter und Geschlecht. Jedoch wird unsere Kultur spätestens seit Anfang der 1990er Jahre von einem potenziellen Vergleichspartner heimgesucht, mit dem ein konkurrierender Austausch denkbar chancenlos verläuft: Film- und Fernsehstars, Supermodels und Co., die auf immer ausgefeiltere Weise mit Hilfe von Computer-Software perfektioniert werden. Nicht selten hinterfragen wir diese gefälschte Schönheit, kommen jedoch nicht umhin, uns selbst mit der Utopie zu vergleichen. Überträgt man dieses alltägliche Szenario auf pornographische Inhalte, entsteht ein noch viel größeres Konfliktpotenzial für die eigene Psyche, denn ein unmittelbarer Vergleich mit sämtlichen körperlichen Attributen eines Pornodarstellers, gleich ob weiblich oder männlich, hat in den meisten Fällen einen kritischen Blick auf die eigene natürliche Ausstattung zur Folge. Auf die Frage, ob man seine eigenen körperliche Merkmale mit denen der Darstellerinnen oder Darsteller in pornographischen Inhalten vergleichen würde, bejahten dies 63 Prozent der Umfrageteilnehmer. Womit der Konsument bei einem solchen Vergleich oftmals konfrontiert wird, ist denkbar offensichtlich: Perfekt inszenierte, durch Kameraposition und Lichteinfall optisch vergrößerte

Penisse, die ohnehin meist schon über der Durchschnittsgröße angesiedelt sind sowie durchtrainierte, muskulöse Körper bilden das Konfliktpotenzial für den männlichen Konsumenten. Damit einher gehen durch plastische Chirurgie optimierte, ebenso trainierte, aber dennoch meist zierliche Frauenkörper, die einerseits für viele männliche Zuschauer als perfekter sexueller Reiz dienen, andererseits den weiblichen Konsumenten als mögliches Konfliktpotenzial begegnen. Die Mutmaßung, einer solch utopischen Darstellung nacheifern beziehungsweise sich mit ihr vergleichen zu müssen, führt schließlich zu dem Ergebnis, dass rund 21 Prozent sehr oft das Gefühl haben, bezüglich ihrer körperlichen Merkmale nicht dem in pornographischen Inhalten gezeigten ästhetischen Anspruch zu entsprechen. Weitere 43 Prozent haben dieses Gefühl gelegentlich, lediglich die verbleibenden 36 Prozent geben an, nie einen solchen Vergleich als Niederlage zu empfinden. Dieses Umfrageergebnis zeugt vom Trend einer Gefahr durch ästhetische Vergleiche, die sich immer mehr in das gesellschaftliche Bewusstsein einbrennen. Ein Lichtblick hierbei ist die Frage nach dem Vergleich der eigenen sexuellen Leistungen mit denen der Darsteller aus pornographischen Inhalten: Nur rund 25 Prozent messen sich mit der Potenz und Durchhaltekraft der Erotik-Schauspieler, die überwiegende Mehrheit ist in dieser Angelegenheit mit den eigenen, ganz persönlichen Ansprüchen zufrieden. Dennoch ist der in Pornographie gezeigte, völlig überzogene Lustgewinn und die damit verbundene perfekte sexuelle Befriedigung durchaus eine weitere kritische Komponente für das Selbstempfinden, da hierbei eine ständige und umfassende Befriedigung des Sexualpartners gezeigt wird, wie sie im realen Alltag denkbar unmöglich ist.[115]

---

[115] Vgl. Dolf Zillmann: „Pornografie", in: „Lehrbuch der Medienpsychologie", Hogrefe Verlag, Göttingen, 2004; S. 679f

5. Die Einflüsse der modernen Pornographie auf das Sexualempfinden

Mit dem erwiesenen Einfluss von pornographischen Inhalten auf das Selbstempfinden liegt selbstverständlich nah, dass sich diese Eindrücke auch stark auf das Sexualleben und das sexuell geprägte Denken auswirken. Dabei sollte zunächst klar der primäre Verwendungszweck von Pornographie im Vordergrund stehen: Die Masturbation. Der gesunde Umgang mit der Autoerotik wird, dank umfassender Aufklärungsmaßnahmen während der letzten fünfzig Jahre, recht früh gelehrt und ist als sexuelle Handlung durchaus anerkannt. Zwar war dies schon in der Antike eine gängige, gesellschaftlich völlig akzeptierte Praxis, doch auch in diesem Fall haben römisch-katholische Werte der offenen sexuellen Befriedigung einiges in den Weg gestellt.[116][117] Kernpunkt der Masturbation ist ein sexuell stimulierender Gedanke, eine Fantasie womöglich, oder eben eine konkrete visuelle Vorlage, wie sie durch die moderne Pornoindustrie im Übermaß geboten wird. Circa 63 Prozent der Umfrageteilnehmer gaben an, dass sie pornographische Inhalte vorrangig zur direkten sexuellen Stimulation verwenden, weitere 21 Prozent tun dies ebenfalls, behalten sich jedoch vor, auch ohne Stimulation in den audio-visuellen Genuss zu treten. Dies zeigt deutlich, dass Masturbation und Pornographie Hand in Hand gehen und unterstreicht zudem die enorme Bedeutung der direkten sexuellen Stimulation als Existenzgrundlage der Erotikbranche.

Ein mögliches Problem, dass sich in diesem Zusammenhang zweifelsohne zeigt, ist der Rückgang der Fantasie und das Ausbleiben sexueller Kreativität beziehungsweise eine Missbildung derselbigen. In der Sexualforschung wird vermutet, dass der übermäßige Konsum von Pornographie einen negativen

---

[116] Vgl. John Clarke: „Ars Erotica", Primus Verlag, Darmstadt, 2009; S. 89

[117] Vgl. Jean Stengers: „Masturbation: The History of a Great Terror", Palgrave Verlag, New York, 2001; S. 23f

Einfluss auf die Libido hat: Eine zunächst starke Erregung durch pornographische Medien flaut schnell ab, schwächt die allgemeine sexuelle Erregung und mindert die Fähigkeit, mit einem Sexualpartner einen vollends befriedigenden Beischlaf vollziehen zu können.[118] Im Sinne der Masturbation sorgt die abflauende Erregung für einen Drang nach neuen pornographischen Inhalten, daraus resultieren könnte womöglich eine Abhängigkeit, sprich die Unfähigkeit, ohne pornographische Vorlage eine erfolgreiche Selbstbefriedigung zu erfahren.[119] Die in diesem Zusammenhang gestellte Frage nach der Bedeutung des Pornographiekonsums für das Erleben einer erfolgreichen Masturbation zeigt einen anderen Trend. Mehr als 56 Prozent geben an, dass Pornographie zwar hilfreich, aber nicht notwendig sei, weitere 37 Prozent sagen deutlich, dass keinerlei Notwendigkeit besteht. Zu vernachlässigende fünf Prozent sind von den audio-visuellen Reizen abhängig und stellen somit nur einen kleinen Prozentsatz dar, der in das Schema der von der Forschung geäußerten Sorgen passt. Natürlich ist nicht von der Hand zu weisen, dass Pornographie mitunter nicht nur als praktikable Fantasiestütze dient, sondern durchaus eine größere Bedeutung für die sexuelle Eigenstimulation haben kann, da eine audio-visuelle Hilfe in vielen Fällen die Erregung steigert und somit das erklärte Ziel, nämlich den eigenständig hervorgerufenen Orgasmus, erleichtern und in seiner Intensität verbessern kann.

Da Pornographie jedoch nicht nur allein konsumiert wird und mittlerweile auch Einzug in viele Schlafzimmer gefunden hat, ob nun als konkretes Medium zur Unterstützung des Sexualaktes oder aber, wie es häufiger der Fall ist, als Inspiration, ist eine genauere Betrachtung der Einflüsse des Pornographiekonsums auf das Sexualverhalten mit einem Sexualpartner von

---

[118] Vgl. Dolf Zillmann: „Pornografie", in: „Lehrbuch der Medienpsychologie", Hogrefe Verlag, Göttingen, 2004; S. 682

[119] Vgl. Dolf Zillmann: „Pornografie", in: „Lehrbuch der Medienpsychologie", Hogrefe Verlag, Göttingen, 2004; S. 681f

Nöten. Jegliche sexuelle Praktiken, die vom Konsumenten aufgenommen und als luststeigernd empfunden werden, können zweifelsohne auch als Wunsch oder gar Notwendigkeit Einfluss auf sexuelle Kontakte haben und das Sexualleben radikal beeinflussen. Die Auswertung der diesbezüglichen Frage ist wieder einmal trendgebend: 61 Prozent empfinden die Durchführung einer solchen Inspiration als luststeigernd, 47 Prozent geben konkret an, dass die Eindrücke aus pornographischen Inhalten gelegentlich in das Sexualleben einfließen, bei rund 32 Prozent geschieht dies selten. Diese Ergebnisse zeigen den enormen Einfluss, den pornographische Fantasien auf die Geschehnisse im Schlafzimmer haben können. Zwar ist es durchaus üblich, dass neue Erlebnisse für ein erfülltes Sexleben notwendig sind und bei sehr fantasievollen Personen auch ohne Pornographiekonsum Einzug halten, jedoch erleichtert die Zugänglichkeit und Omnipräsenz der Pornographie eine schnelle, ohnehin zur Masturbation regelmäßig konsumierte Inspiration.

Die Rolle der Pornographie als direkte Stimulation während des Sexualaktes ist allerdings recht gering. Für 68 Prozent der Befragten hat das Konsumieren von pornographischen Inhalten keinerlei Bedeutung, wenn sie mit ihrem Sexualpartner zugange sind, lediglich 21 Prozent bauen das gemeinsame Konsumieren anregender Bilder oder Filme direkt in ihr Liebesspiel ein. Trauriges Nebenergebnis: Rund fünf Prozent können ohne das Einbauen von Pornographie gar kein erfülltes Sexualleben erfahren; diese Personengruppe steht demnach symbolisch für die Befürchtungen der Forschung, ist jedoch als zu vernachlässigendes, kaum für die Erkenntnisgewinnung bedeutsames Ergebnis zu werten.

Ein abschließender Sieg für den Liebesakt ist ebenfalls zu verzeichnen: Bizarre 16 Prozent bevorzugen gelegentlich das Konsumieren von Pornographie anstelle des Geschlechtsverkehrs mit ihrem Sexualpartner; dem entgegen stehen 79 Prozent der Befragen, welche stets und grundsätzlich einen Sexualpartner vorziehen würden. Dennoch ist die Tatsache, dass gelegentlich, mit der Unterstützung von Pornographie, lieber selbst Hand angelegt wird, durchaus bedenklich im Sinne der modernen sexuellen Entwicklung und der Befriedigung jener Bedürfnisse, die uns nicht zwangsläufig triebgegeben sind, sondern vielmehr durch Kultur und Gesellschaft eingepflanzt werden.

6. Schlusswort

Das Sexualleben des modernen Menschen unterliegt, wie auch alle weiteren Gemütszustände, dem enormen Einfluss der Medien. Durch sie lernen wir die Welt kennen und verstehen, lassen uns informieren, belehren und beeinflussen. Alltägliche, beinahe instinktive Prozesse werden durch Suggestion und Manipulation gelenkt; ihre Einflusssphäre reicht von der Bevorzugung eines bestimmen Brotaufstrichs bis hin zur Diskriminierung von Minderheiten. Doch schon längst haben diese Einflüsse den Weg in das zerebrale Lustzentrum des modernen Menschen gefunden, die Pornographie als akzeptiertes Medium beeinflusst sowohl das Selbstempfinden als auch die sexuelle Lustgewinnung. Selbstverständlich erhebt die vorliegende Umfrage keinen Anspruch auf repräsentative Ergebnisse, jedoch lässt sich ein definitiver Trend erkennen, der unserem alltäglichen Sexualleben einen bedeutsamen Einfluss durch Pornographie attestiert. In vielen Fällen ist der Umgang mit diesem Medium unbedenklich und kann als normaler Entwicklungsschritt im Zuge der sexuellen Befreiung betrachtet werden, jedoch ist insbesondere die durch Pornographiekonsum beeinflusste Selbstwahrnehmung infolge eines Vergleichs mit perfektionistisch Inszenierten Erotikdarstellern eine ernstzunehmende Entwicklung, der besondere Aufmerksamkeit geschenkt werden sollte. In diesem Sinne sollten sich die sexuelle Aufklärung und insbesondere die immer dominierender agierende Medienlandschaft ihrer gesellschaftlichen Verantwortung bewusst werden und der natürlichen Vielfalt an Form, Farbe und Größe besondere Anerkennung und Toleranz entgegenbringen.

Literaturverzeichnis

John Clarke:„Ars Erotica", Primus Verlag, Darmstadt, 2009.

Alan Smithee, Johannes Wilms, Olaf Jacobs: „Die Geschichte der Pornographie", Hoferichter & Jacobs, TV-Dokumentation, 2008.

Lynn Hunt: „The Invention of Pornography", Zone Verlag, New York, 1993.

Peter Lehman: „Pornography: Film and Culture" Rutger University Press, New Jersey, 2006.

Tobias Lill:„Das Ende des Pornofilm-Verleihs", Spiegel Verlag (Spiegel Online), Hamburg, 13.02.2007, (http://www.spiegel.de/netzwelt/web/0,1518,466149,00.html).

Jean Stengers: „Masturbation: The History of a Great Terror", Palgrave Verlag, New York, 2001.

Florian Mildenberger: „Sex. Verborgene Lüste in der Geschichte." Seminar der Kulturgeschichte, WS 2010/11, Europa-Universität Viadrina Frankfurt (Oder).

Sigmund Freud: „Drei Abhandlungen zur Sexualtheorie" Nikol Verlag, Hamburg, 2010.

Dolf Zillmann: „Pornografie", in: „Lehrbuch der Medienpsychologie", Hogrefe Verlag, Göttingen, 2004.

Umfrageergebnisse

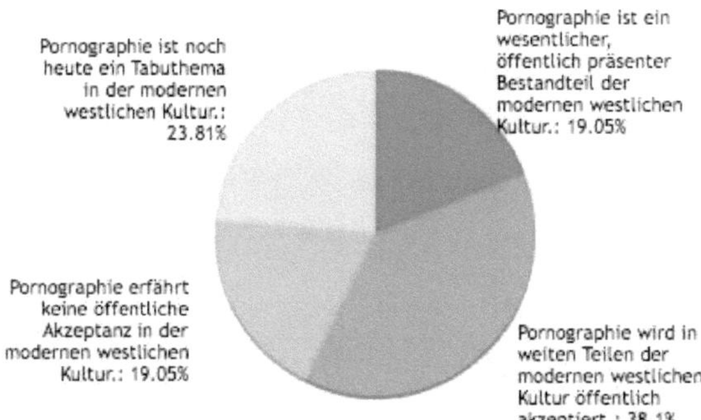

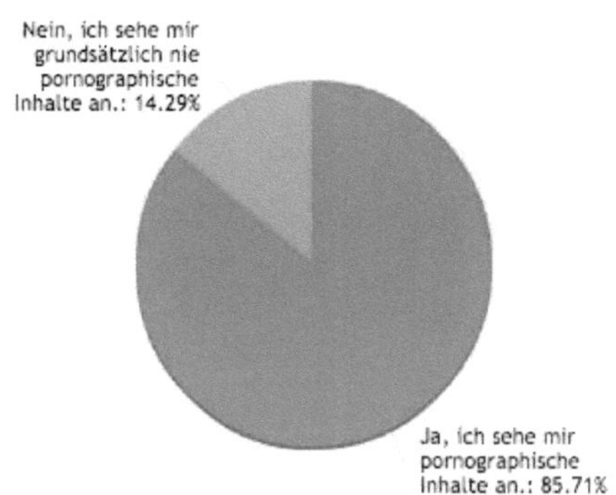

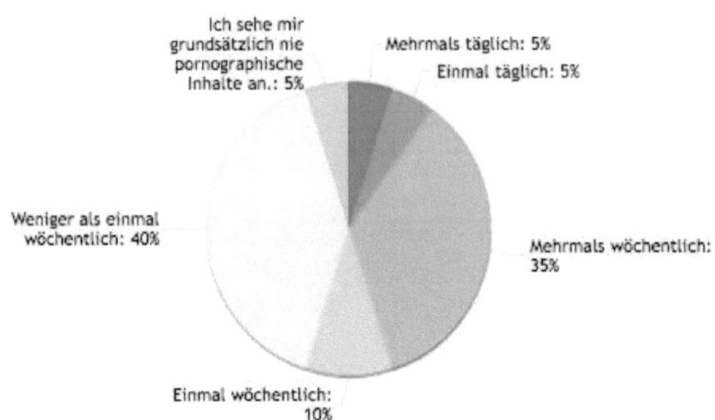

Ich sehe mir grundsätzlich nie pornographische Inhalte an.: 5%
Mehrmals täglich: 5%
Einmal täglich: 5%
Weniger als einmal wöchentlich: 40%
Mehrmals wöchentlich: 35%
Einmal wöchentlich: 10%

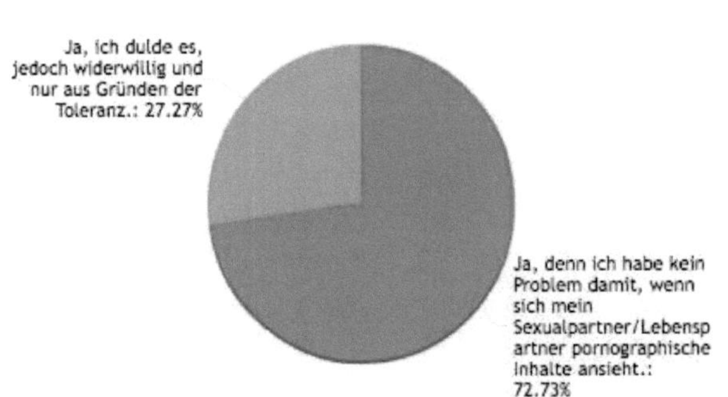

Ja, ich dulde es, jedoch widerwillig und nur aus Gründen der Toleranz.: 27.27%
Ja, denn ich habe kein Problem damit, wenn sich mein Sexualpartner/Lebenspartner pornographische Inhalte ansieht.: 72.73%

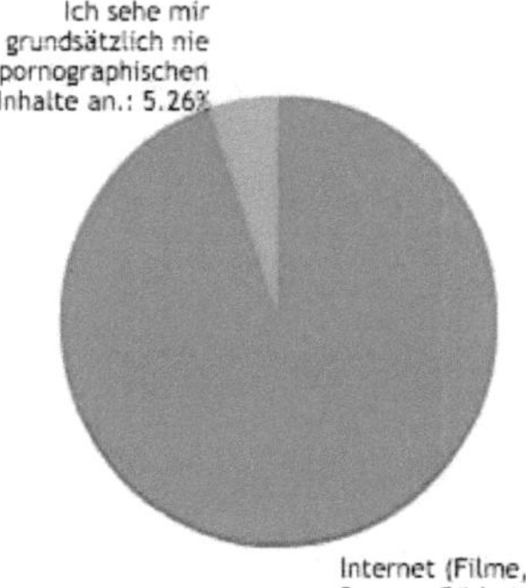

Ich sehe mir grundsätzlich nie pornographischen Inhalte an.: 5.26%
Internet (Filme, Szenen, Bilder): 94.74%

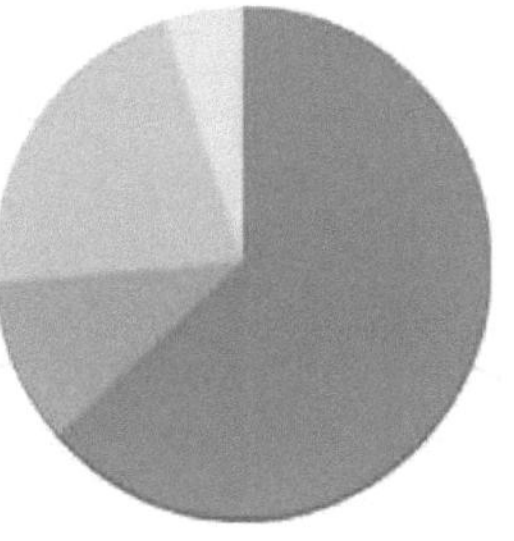

Ich sehe mir grundsätzlich nie pornographische Inhalte an.: 5.26%
Ich konsumiere pornographische Inhalte sowohl zur direkten sexuellen Stimulation als auch ohne direkte sexuelle Stimulation.: 21.05%
Nein, ich konsumiere pornographische Inhalte vorrangig ohne direkte sexuelle Stimulation.: 10.53%
Ja, ich konsumiere pornographische Inhalte vorrangig zur direkten sexuellen Stimulation.: 63.16%

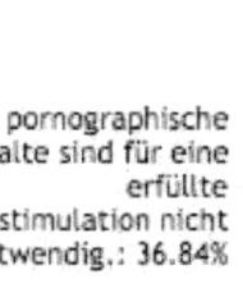
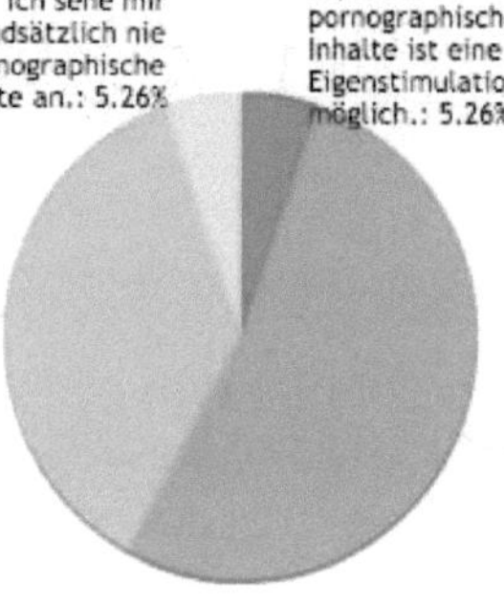

Ich sehe mir grundsätzlich nie pornographische Inhalte an.: 5.26%
Ja, ohne pornographische Inhalte ist eine erfüllte Eigenstimulation nicht möglich.: 5.26%
Nein, pornographische Inhalte sind für eine erfüllte Eigenstimulation nicht notwendig.: 36.84%
Pornographische Inhalte können hilfreich sein, sind aber keine Voraussetzung für eine erfüllte Eigenstimulation.: 52.63%

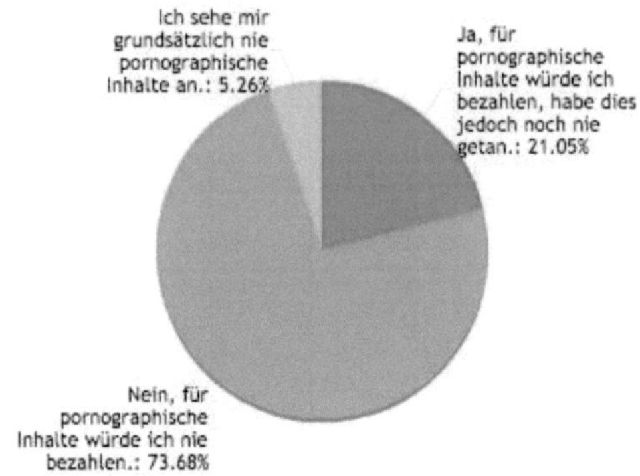

Ich sehe mir grundsätzlich nie pornographische Inhalte an.: 5.26%
Ja, für pornographische Inhalte würde ich bezahlen, habe dies jedoch noch nie getan.: 21.05%
Nein, für pornographische Inhalte würde ich nie bezahlen.: 73.68%

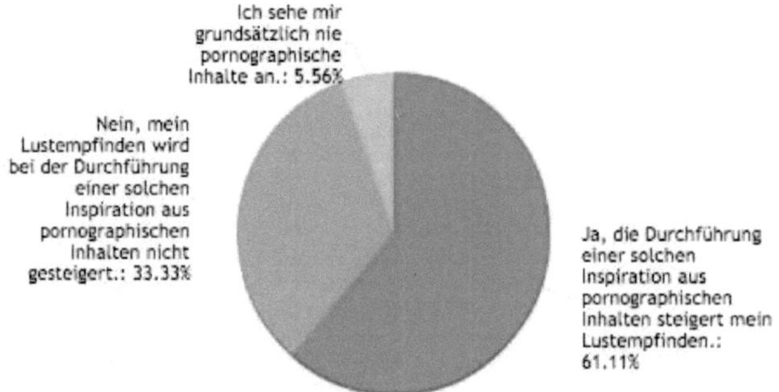

Ich sehe mir grundsätzlich nie pornographische Inhalte an.: 5.56%
Nein, mein Lustempfinden wird bei der Durchführung einer solchen Inspiration aus pornographischen Inhalten nicht gesteigert.: 33.33%
Ja, die Durchführung einer solchen Inspiration aus pornographischen Inhalten steigert mein Lustempfinden.: 61.11%

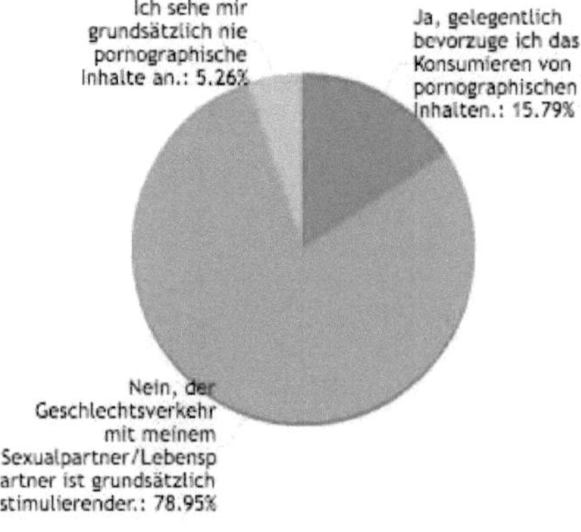

Ich sehe mir grundsätzlich nie pornographische Inhalte an.: 5.26%
Ja, gelegentlich bevorzuge ich das Konsumieren von pornographischen Inhalten.: 15.79%
Nein, der Geschlechtsverkehr mit meinem Sexualpartner/Lebenspartner ist grundsätzlich stimulierender.: 78.95%

Nein, ich vergleiche meine eigenen körperlichen Merkmale nicht mit denen der Darsteller/innen aus pornographischen Inhalten.: 37.5%
Ja, ich vergleiche meine eigenen körperlichen Merkmale mit denen der Darsteller/innen aus pornographischen Inhalten.: 62.5%

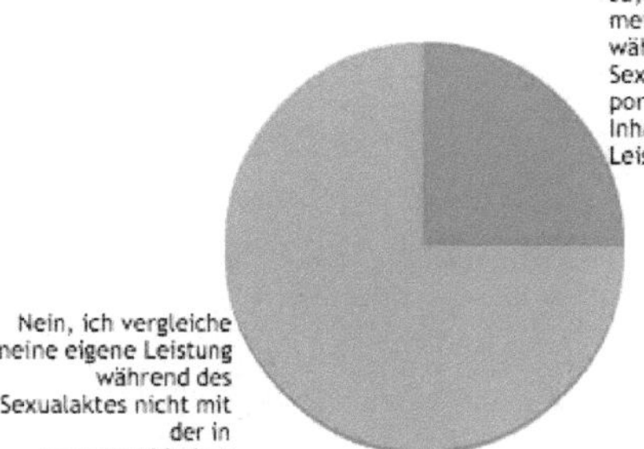

Ja, ich vergleiche meine eigene Leistung während des Sexualaktes mit der in pornographischen Inhalten gezeigten Leistung.: 25%
Nein, ich vergleiche meine eigene Leistung während des Sexualaktes nicht mit der in pornographischen Inhalten gezeigten Leistung.: 75%

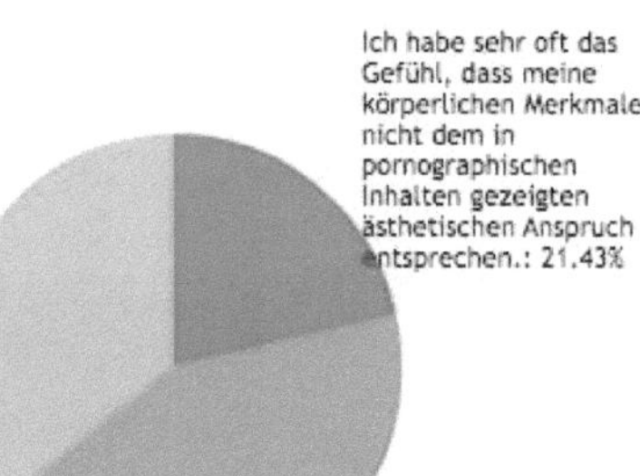

Ich habe sehr oft das Gefühl, dass meine körperlichen Merkmale nicht dem in pornographischen Inhalten gezeigten ästhetischen Anspruch entsprechen.: 21.43%
Ich habe nie das Gefühl, dass meine körperlichen Merkmale nicht dem in pornographischen Inhalten gezeigten ästhetischen Anspruch entsprechen.: 35.71%
Ich habe gelegentlich das Gefühl, dass meine körperlichen Merkmale nicht dem in pornographischen Inhalten gezeigten ästhetischen Anspruch entsprechen.: 42.86%

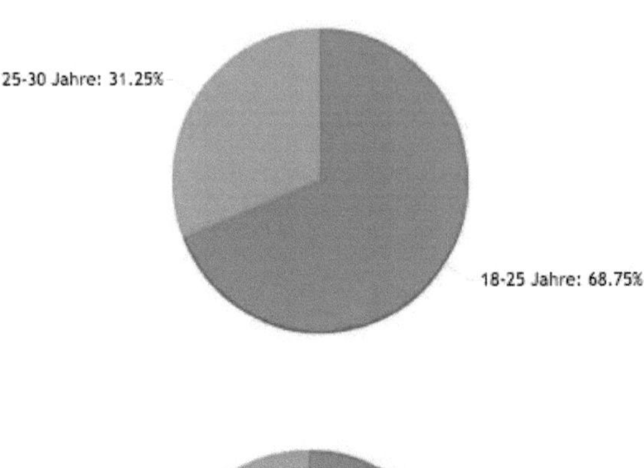

25-30 Jahre: 31.25%
18-25 Jahre: 68.75%

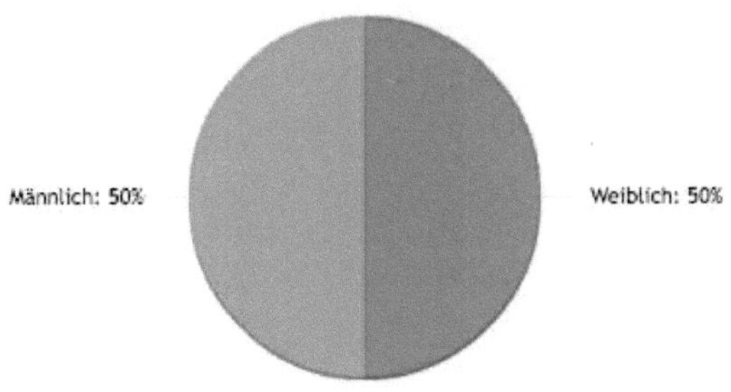

Männlich: 50%
Weiblich: 50%

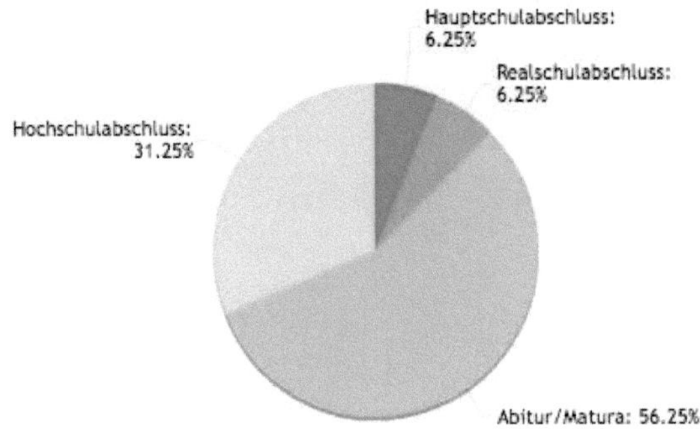

Hauptschulabschluss:
6.25%
Realschulabschluss:
6.25%
Hochschulabschluss:
31.25%
Abitur/Matura: 56.25%

Derzeit in einer festen Partnerschaft:

Sexualpädagogik goes Web 2.0. Sexualpädagogik im Umgang mit sozial-online vernetzten Jugendlichen

Martina Schlund

2014

1. Einleitung

Nach den Empfehlungen der International Planned Parenthood Federation aus dem Jahr 2007 gehören zu den Inhalten von Sexualaufklärung und Sexualpädagogik

> *„die emotionalen, sozialen, körperlichen und biologischen Aspekte von Sexualität. Sie sollten in den breiten Kontext der Lebenswelten von Jugendlichen gestellt werden"* (pro familia, 2007).

Eine moderne, präventive Sexualpädagogik sollte somit stets darum bemüht sein, im Rahmen sexueller Aufklärung und Bildung möglichst alle maßgeblichen Lebensräume von Jugendlichen einzubeziehen.

In den letzten Jahren ist durch die Social Network Sites (SNS) ein neues virtuelles Terrain entstanden, das besonders unter Jugendlichen immer mehr in den Fokus ihrer Aufmerksamkeit gerückt und mittlerweile ein integraler Bestandteil des Spektrums ihrer Lebenswelten geworden ist. Dabei nutzen Jugendliche das Internet schon lange nicht mehr nur als Konsumenten zur Unterhaltung und zum Wissenserwerb, sondern über die SNS inzwischen auch als Produzenten zur Selbstpräsentation, die einen essenziellen Bestandteil ihrer individuellen Identitätsentwicklung ausmacht.

Nimmt man die obige Empfehlung der International Planned Parenthood Federation ernst, so stellt die geschilderte Entwicklung auf dem Online-Sektor die gegenwärtige Sexualpädagogik konsequenterweise vor die Aufgabe, die Jugendlichen auch im Kontext von SNS in ihrer sexuellen Identitätsentwicklung zu unterstützen. Das Besondere an dieser Aufgabe liegt dabei darin, dass durch SNS Jugendlichen die ganz neue Möglichkeit zur Verfügung steht, sich selbst über die Gestaltung persönlicher Profile einer kleineren oder auch größeren Öffentlichkeit zu präsentieren. Aus diesem Grund sollte eine moderne, zeitgemäße Sexualpädagogik im Zuge der Förderung der sexuellen

Identitätsentwicklung die Jugendlichen besonders dabei begleiten, auch in sexueller Hinsicht zu einer adäquaten Selbstpräsentation in der Lage zu sein.

In der vorliegenden Arbeit werden deshalb im Rahmen einer theoretisch-kritischen Überprüfung der gegenwärtigen Sexualpädagogik folgende Fragen aus der Web-2.0-Perspektive erörtert:

- Wie sieht die gegenwärtige Jugendsexualität aus?
- Wie gehen Jugendliche mit ihrer Sexualität in der Öffentlichkeit der SNS um?
- Wie verhält sich die gegenwärtige Sexualpädagogik demgegenüber?
- Sind Profile auf SNS für Jugendliche dazu geeignet, sich selbst und andere einschätzen zu lernen, z.B. bezüglich persönlicher (sexueller) Ausstrahlung, Selbstwirksamkeit, Beliebtheit?
- Kann man SNS gemeinsam mit den Jugendlichen als Mittel zur sexuellen Identitätsfindung nutzen?
- Falls man Jugendliche darin unterstützen könnte, SNS auch im Rahmen der sexuellen Identitätsentwicklung zu nutzen, wie könnte das aussehen?
- Wie könnte ein sexualpädagogischer Leitfaden Web 2.0 aussehen?

Sexualpädagogik goes Web 2.0 soll ein differenziertes Verständnis für die Bedeutung von SNS auf dem Gebiet jugendlicher Sexualentwicklung vermitteln. Ein solch neues Verständnis ist für eine zeitgemäße sexualpädagogische Tätigkeit unabdingbar, da das Web 2.0 mittlerweile zu einem festen Bestandteil der Lebenswelten Jugendlicher geworden ist.

SNS tragen dem menschlichen Bedürfnis nach Beziehung Rechnung, verbunden mit der Möglichkeit, die bisherigen sozialen Kontakte zu erweitern.

„In der digitalen Medienkultur wächst offensichtlich der Bedarf, sich mit anderen Menschen auszutauschen, Erfahrungen und Erlebnisse zu kommunizieren. Die Eingebundenheit in eine soziale

Gemeinschaft wird als Notwendigkeit angesehen, um sich in der Gesellschaft behaupten zu können. Diese produktive Dimension der SNS, die damit verbundene Chance an der Kernnarration der Identität zu arbeiten sowie die Möglichkeit, das persönliche soziale Kapital zu erweitern, lässt sich hervorheben" (Hugger, 2010, S. 222f).

Gerade über die SNS finden bei Jugendlichen aber auch immer häufiger und dadurch auch immer selbstverständlicher sexuelle Sozialisationsprozesse statt: Eine Studie von pro familia (Altstötter-Gleich, 2006, S. 28) zeigt, dass mehr als die Hälfte der deutschen Jugendlichen ihre sexuellen Erlebnisse bei *facebook* mit Freunden oder Freundinnen besprechen. Dagegen ist offensives Bildmaterial wie z.B. von Jugendlichen, die sich entblößt präsentieren, in global angelegten Sozial-Netzwerken wie *MySpace* oder themenspezifischen Angeboten wie Flirtnetzwerken häufiger zu finden als in eher begrenzten Communities, die sich z.B. explizit an Schüler und Schülerinnen wenden (vgl. Reißmann, 2010, S. 27).

„Ob sich der Konsum von sexuellen Medieninhalten in der einen oder anderen Weise auf ein Individuum auswirkt, hängt stark von dessen sozialer Verankerung in den Vorbildern im privaten Umfeld ab" (Süss, 2009, S. 33).

Entscheidend ist also folglich, ob der Jugendliche in der Lage ist, die im Internet konsumierten Inhalte zu reflektieren sowie falsche Informationen zu korrigieren und welche Realitätsvorstellung er daraus ableitet. (Es ist anzunehmen, dass für die Produktion von Online-Inhalten Ähnliches gilt.)

Dass sexuelle Sozialisationsprozesse Jugendlicher zum Großteil sozial-online-medial vermittelt stattfinden, ist also eine Tatsache, die eine moderne Sexualpädagogik, die sich auf sämtliche Lebenswelten Jugendlicher beziehen möchte, nicht ignorieren kann. Aus diesem Grund sollte die Sexualpädagogik SNS nicht nur als einen weiteren Kommunikationskanal zur Information und

Beratung Jugendlicher nutzen, sondern darüber hinaus vor allem Jugendliche in ihrem sexuellen Sozialisationsprozess im Web 2.0 exemplarisch beratend begleiten.

Das bedeutet konkret, Online-Selbstpräsentationsmöglichkeiten und deren potenzielle positive, aber auch negative Auswirkungen auf andere gemeinsam mit Jugendlichen in der Diskussion zu erarbeiten und gegebenenfalls pointiert herauszustellen. Die für Jugendliche sehr bedeutsamen Themen Selbsteinschätzung und Fremdeinschätzung können auch in Bezug auf das Thema Sexualität z.B. anhand fiktiver oder anonymisierter Online-Profile hervorragend in der Gruppe diskutiert werden: Wie wirkt es z.B. auf andere Mitglieder eines Online-Netzwerks, auf das eigene wie auch auf das andere Geschlecht, wenn ich mich in meinem Profil mit einem vogelperspektivischen Foto präsentiere, das meine Geschlechtsmerkmale besonders betont (*Sexting*)?

2. Jugend und Sexualität

2.1 Lebenswelten Jugendlicher

Der Begriff der Lebenswelt geht zurück auf Edmund Husserl und wurde von Alfred Schütz weiterentwickelt. Schütz definiert die Lebenswelt als die Wirklichkeit, in der ein Mensch lebt und kontinuierlich teilnimmt. Außerdem wird sie nicht in Frage gestellt.

> *„Die Lebenswelt ist der Inbegriff einer Wirklichkeit, die erlebt, erfahren und erlitten wird"* (Schütz/Luckmann 1984, S. 11).

Jürgen Habermas fügt der Definition der Lebenswelt außerdem noch die soziale Integration hinzu. Innerhalb der Lebenswelt unterscheidet er drei Komponenten. Zum Ersten enthält die Lebenswelt Wert- und Deutungsmuster. Sie schafft eine Grundlage für erste Erfahrungswerte und hilft dadurch, dem Alltag gewachsen sein. Zum Zweiten umfasst sie alle gebilligten Normen, die soziale Ordnungen und Beziehungen regeln. Zum Dritten ist in ihr der gesamte biografische Background enthalten, auf dem alle Sozialisationsprozesse zu bewältigen sind.

Hans Thiersch und Klaus Grunwald erweitern Habermas' Modell. Der Begriff der Lebenswelt ist ursprünglich eine beschreibende, phänomenologische Bezeichnung. Aufgabe jedes Einzelnen sei es, alle Aufgaben in der jeweiligen Lebenswelt lösen zu können. Allerdings bestimmt der Mensch selbst, was hinterfragt wird und was nicht. Des Weiteren wird die Lebenswelt untergliedert in Lebensräume und Lebensfelder, wie z.B. Eltern, Familie, Peergroup, Schule, Arbeit und Internet (Grunwald & Thiersch 2008).

Anne Honer geht noch einen Schritt weiter und definiert die Lebenswelten in „kleine soziale Lebenswelten". Gemeint sind „strukturierte Fragmente der Lebenswelt".

> *„Eine kleine soziale Lebens-Welt ist das Korrelat des subjektiven Erlebens der Wirklichkeit einer Teil- bzw. Teilzeit-Kultur"* (Honer 2011, S. 23).

Fokussiert man nun den Blick auf Jugendliche und deren Alltag, wirkt es zunächst unproblematisch, ein Nebeneinander verschiedener kleiner Lebenswelten anzunehmen. Jugendliche halten sich viel in der Schule auf, in der Klasse, auf Pausenhöfen, auf denen die Jugendlichen den Kontakt zu Freunden suchen, also kurzzeitig in jeweils andere kleine Lebenswelten eintauchen. Genauso wichtig sind die kleinen Lebenswelten Jugendlicher in der Familie, in der eigenen oder in der der Freunde, insbesondere bei außerschulischen Aktivitäten in den Peergroups und in der Welt des Internets sowie bei Computerspielen. Nicht immer lassen sich diese Lebenswelten jedoch genau voneinander abgrenzen. Dennoch verfügen Jugendliche über ein klares Bewusstsein, in welcher kleinen sozialen Lebenswelt sie sich gerade bewegen und welche Regeln dort gelten.

Einen noch differenzierteren Blick auf die Lebenswelten Jugendlicher verschafft die aktuelle SINUS-Studie u18 von 2012. Sie kategorisiert diese in soziokulturell sehr heterogene Felder, wie z.B. sozialökologische, expeditive, konservativ-bürgerliche, adaptiv-pragmatische, materialistisch-hedonistische, experimentalistisch-hedonistische und prekäre Parteien (vgl. Calmbach/Borchard/Flaig 2011)

2.1.1 Eltern und Familie

Eine der wichtigsten Bezugsgruppen Jugendlicher ist unter gewöhnlichen Voraussetzungen die eigene Familie bzw. die Herkunftsfamilie. Sie ist für die meisten Jugendlichen unentbehrlich, stellt sie doch immerhin das soziale und emotionale „Trainingslager" dar, um sich zu behaupten und nicht leicht zu erlangende soziale Kompetenzen einzuüben, die die Jugendlichen für die Lebensbewältigung und die Beziehungsarbeit benötigen. Das bedeutet:

> *„Familie bietet nicht nur emotionalen Schutz, sondern auch wichtige Lernmöglichkeiten. Gleichzeitig schafft sie einen Raum, in dem die Individuation des Menschen vorausschreitet, in dem die Balance und Verbundenheit eingeübt werden kann."* (Fend 2000, S. 303).

Allerdings ist zu bedenken, dass es ein Pendeln zwischen enger Verbundenheit mit emotionalem Anlehnungsbedürfnis einerseits und Abgrenzung mit selbstgesteuerter Selbstständigkeit und demonstrativer Distanzierung auf beiden Seiten andererseits gibt, das nicht immer einfach zu bewerkstelligen ist, da sich Eltern von ihren Kindern oft psychisch verletzt fühlen (vgl. Hurrelmann/Quenzel 2012, S. 156).

Es kann davon ausgegangen werden, dass die Familie mit ihren Bezugspersonen eine der durchgängig wichtigsten Lebenswelten für Jugendliche ist. Wenn Familienstrukturen vorliegen, in denen die Eltern geschieden sind oder beide Elternteile ganztags arbeiten gehen, sind Jugendliche jedoch stark auf sich allein gestellt. Gerade dann treten Gleichaltrige in emotionale Konkurrenz zu den Eltern.

> *„Kontakte werden von Jugendlichen zu den Eltern auch oft demonstrativ gegen die Eltern ausgespielt. Damit signalisieren sie, dass sie ihre soziale und emotionale Bezugsgruppe wechseln wollen"* (Hurrelmann/Quenzel 2012, S. 156).

Fänden Eltern zu ihren Kindern die Balance zwischen fördernder Kontrolle und Ermunterung zu Selbstständigkeitsbestrebungen, profitierten sie von der Ablösungsphase ihrer Kinder, was ihnen ermöglichte, neue Einblicke in die andersartigen Lebenswelten von Jugendlichen zu gewinnen.

Auch in Bezug auf Sexualität ist die wichtigste Bezugsgruppe anfänglich in erster Linie die Familie.

> *„Die Familie fungiert bei uns auch bezüglich der sexuellen Handlungskompetenz als die primäre Sozialisationsinstanz. Sie erbringt für das Kind eine tatsächliche natur-, da überlebensnotwendige Leistung"* (Lautmann 2002, S. 314).

Folglich kann ihr Einfluss auf die sexuelle Sozialisation nicht hoch genug eingeschätzt werden.

2.1.2 Peergroup

Ähnlich wie die Lebenswelt Familie stellt die Lebenswelt Peergroup in vielerlei Hinsicht ein Trainingslager dar.

> *„Gleichaltrigengruppen fördern die Entwicklung von Enttäuschungsfestigkeit, Durchsetzungsfähigkeit und Widerstandspotentiale in zwischenmenschlichen Interaktionen"* (Hurrelmann/Quenzel 2012, S. 176).

Gerade in der Phase der psychischen und sozialen Ablösung von den Eltern suchen die Jugendlichen immer stärkeren Kontakt zur gleichaltrigen Generation.

Dort entwickeln sich vertrauensvolle Kontakte, und Jugendliche erforschen neue Verhaltensmöglichkeiten. Vor allem dann, wenn Jugendliche sich von ihren Eltern missverstanden und nicht akzeptiert fühlen, suchen sie Schutz und Anerkennung bei Gleichaltrigen. Damit verbunden ist oft eine

„offene oder versteckte Verweigerungshaltung gegenüber der Eltern- und Erwachsenenwelt. Die Ursache liegt meist in einem gestörten Verhältnis zu den Eltern. Ein Indikator hierfür ist die Aussage, nicht mit Mutter und Vater reden zu können, weil die Auffassungen und Einstellungen zu weit auseinander liegen" (Hurrelmann 2007, S. 131).

Fend bemerkt hierzu allerdings:

„Wenn die Beziehung zu den Eltern belastet ist, jene zu den Freunden aber positiv erlebt wird, dann sind die negativen Wirkungen von Elternproblemen deutlich reduziert" (Fend 2000, S. 327).

Die Shell-Jugendstudie 2002 besagt, dass 68% der befragten Jugendlichen einer Clique angehören. 57% der Jungen und 67% der Mädchen geben als wichtigste Freizeitbeschäftigung das Treffen mit Freunden an (Albert et al. 2002, S. 78ff). Demnach legen die Jugendlichen außerordentlichen Wert auf die Beziehungen zu ihren Freunden, ihrer Clique und deren gemeinsame Aktivitäten.

„Peergroups ermöglichen neuartige Teilnahme- und Selbstverwirklichungschancen, denn sie bieten ihren Angehörigen vollwertige Mitgliedschaftsrollen, die sich erheblich von denen unterscheiden, die sie in ihren Familien und Schulen innehaben" (Hurrelmann/Quenzel 2012, S.174).

Dennoch erleben Jugendliche in der Peergroup ähnliche Lebenslagen und Entwicklungskrisen wie in ihrer Familie. Ob Streit mit den Eltern,

Schulprobleme bis hin zur ersten sexuellen Liebeserfahrung: Die Peergroup gilt zudem als Austauschbörse von Gefühlen, Sexualität und anderen Bedürfnissen der Jugendlichen. Die Peergroup bietet

„Raum, in dem die Intimitäts- und Schamgrenzen, die gegenüber Eltern und Erwachsenen zunehmend aufgerichtet werden, durchlässiger sind" (Liebsch 2012, S. 162).

Das Teilen und Anvertrauen von Geheimnissen und Gefühlen, bzw. die Loyalität gegenüber dem Mitmenschen, stärkt und unterstützt Jugendliche bei ihrer Entwicklung.

„Gut funktionierende Freundschaften sind ein Indiz für die erfolgreiche Bewältigung der Entwicklungsaufgaben im Jugendalter" (Hurrelmann/Quenzel 2012, S. 174)

2.1.3 Schule und Arbeit

Die Lebenswelt Schule und Arbeit hat eine enorme Bedeutung für Jugendliche, da sie einen besonders hohen Zeitaufwand erfordert. Neben den Zielen der kulturellen und gesellschaftlichen Wissensvermittlung sollten laut der Shell-Jugendstudie 2002 ebenfalls folgenden Kriterien Aufmerksamkeit geschenkt werden:

- Schule ermöglicht die Aneignung intellektueller Kompetenzen ebenso wie sachbezogener und funktioneller Verhaltensweisen

- Schule beeinflusst die Zukunftsperspektiven der Schüler und somit die Vergabe gesellschaftlicher wie beruflicher Positionen durch die Bewertung der Schulleistungen

- Schule fördert soziale Integration und Akzeptanz der Jugendlichen durch die Gewöhnung an gesellschaftliche und soziale Lebensbedingungen

Diese Faktoren schaffen die Basis für ein produktives und selbstverantwortliches Leben (vgl. Albert et al. 2002, S. 54f).

Die Schule als Sozialisationsinstanz übernimmt demnach wichtige Aufgaben für die jugendliche Entwicklung, so zum Beispiel die Integration in gesellschaftliche Strukturen, die zugleich soziale Bezugssysteme für die Jugendlichen sind, mit denen sie sich subjektiv auseinandersetzen und dadurch ihre individuelle Persönlichkeit aufbauen (vgl. Hurrelmann 2007, S. 93). Die Lebenswelt Schule und Arbeit stellt sozusagen ein weiteres Übungslager für Jugendliche dar, in dem sie all ihre Bedürfnisse befriedigen, Kräfte messen und Kompetenzen erweitern können.

> *„Schule ist der ‚Arbeitsplatz‘ der Jugendlichen, der über eine lange Spanne der Lebenszeit hinweg Intellekt, Emotionen und soziales Verhalten prägt"* (Hurrelmann 2007, S. 93).

Genau diese Herausforderungen für Jugendliche haben Eltern an die Institution Schule abgegeben. War die Einführung in berufliche oder auch gesellschaftliche Qualifikationen früher vornehmlicher Aufgabe der Eltern, übernehmen jetzt Lehrkräfte, Mitschüler und Freunde diese Aufgabe innerhalb der Schule. Die Lebenswelt Schule soll den Jugendlichen Vorstellungen von sozialer Rangfolge sowie Erfahrungen von Erfolg und Misserfolg vermitteln und sie so auf die Realität im Arbeitsleben vorbereiten (vgl. Hurrelmann 2007, S. 94). Ein weiterer Grund, warum Schule und Arbeit für Jugendliche eine enorme Bedeutung hat, ist, dass die Jugendlichen gerade in der Schule oder auch in der Ausbildungszeit am Arbeitsplatz, in Klassen, in Kursen oder auf dem Schulhof auf das andere Geschlecht treffen, welches im Jugendalter von speziellem Interesse ist.

> *„In der Tat bietet die Schule einen fast einzigartigen Raum für vielfältige Kontakte zwischen Mädchen und Jungen. Im Gegensatz zur Familie, Peergroup und den meisten Interessengemeinschaften leben hier Angehörige beider Geschlechter und derselben*

> *Altersstufe nicht nur ‚notgedrungen' kontinuierlich auf engem*
> *Raum zusammen, sie werden vielmehr von der Institution auch zu*
> *permanenten kommunikativen Akten gezwungen. So kommt es*
> *zwangsläufig auch zu sexuell gefärbten Interaktionen"*
> (Schmidt/Schetsche 1998, S. 53).

Folglich kann man davon ausgehen, dass die Lebenswelten Schule und Arbeit in Bezug auf Sexualität und Partnerfindung ebenfalls eine erhebliche Rolle bei den Jugendlichen spielen.

2.1.4 Web 2.0

Das Web 2.0 hat sich in den letzten zehn Jahren zu einer weiteren bedeutenden Lebenswelt von Jugendlichen entwickelt. Dabei wird unter Web 2.0 eine interaktive und kollaborative Nutzungsmöglichkeit des Internets verstanden, die es dem Verwender (User) erlaubt, nicht nur lediglich als primär passiver Informationsempfänger zu fungieren, sondern vielmehr als aktiver User, der ohne großen zusätzlichen technischen Aufwand im Netz persönliche Inhalte veröffentlichen kann. Somit bedeutet, kurz gesagt, das Web 2.0 Partizipation und Interaktion im Internet. User des Web 2.0 sind folglich nicht mehr vornehmlich als Konsumenten zu begreifen, sondern als sogenannte Prosumenten, d. h. Konsumenten und Produzenten in einem, die neben der Konsumption proaktiv Inhalte im Netz erzeugen und im Austausch mit anderen Usern Inhalte teilen. Dieser Austausch vieler Kommunikatoren (many-to-many) im Rahmen des Web 2.0 findet hauptsächlich über soziale Online-Netzwerke, sogenannte „Social Network Sites" (SNS) statt. Eine aktuelle Definition von SNS geben Boyd und Ellison:

> *„A social network site is a networked communication platform in*
> *which participiants 1) have uniquely identifiable profiles that*
> *consist of user-supplied content, content provided by other users,*
> *and/or system-level data; 2) can publicly articulate connections*

that can be viewed and traversed by others; and 3) can consume, produce, and/or intact with streams of user-generated content provided by their connections on the site" (Boyd & Ellison 2013, S. 158).

Das durch SNS veränderte Kommunikationsverhalten von Internetnutzern bewertet Burger wie folgt:

„Dies bedeutet in der Konsequenz, dass ein zentraler hierarchischer Mediendiskurs durch ein geradezu unkontrollierbares Geflecht an Informationen und Meinungen unterlaufen wird. Die soziale Vernetzung, das Netzwerken (Networking) gewinnt im Sinne einer partizipativen Äußerungsvielfalt enorme Brisanz" (Burger 2013, S. 10).

Aufgrund der Möglichkeit der Partizipation und sozialen Interaktion finden SNS, wie z.B. besonders das weltweit größte soziale Netzwerk *facebook*, unter dem Gesichtspunkt des many-to-many-Austauschs unter gleichberechtigten Kommunikatoren bei Jugendlichen, die mit diesen digitalen Medien aufwachsen, immer mehr Präsenz und Gefallen. Über SNS hinaus bietet das Web 2.0 für jeden Nutzer die Möglichkeit, z.B. durch im Netz angebotene Baukastensysteme, persönliche Websites, sogenannte Weblogs, kurz Blogs, zu erstellen. Insgesamt bietet das Web 2.0 zahlreiche Möglichkeiten, Texte, Fotos, Audios und Videos zu publizieren. Inhalte im Web 2.0 verweisen darüber hinaus häufig auf immer wieder neue oder andere Inhalte. Diesem virtuellen Raum und dessen Austauschmöglichkeiten der Kommunikation sind kaum Grenzen gesetzt (Burger 2013, S. 11).

Jugendliche nutzen das Internet täglich und verbringen dabei inzwischen die meiste Zeit damit, über ihr Smartphone oder zu Hause am PC auf SNS zu surfen. Die Shell-Studie (Albert et al., 2010) zeigt, dass 97% der Jugendlichen in Deutschland einen Internetzugang und davon fast alle mindestens einen Account auf einer SNS haben. Die Studie „Jugend, Information und Multimedia" (JIM-Studie 2012) besagt, dass sich bereits 78% der 12- bis 19-Jährigen täglich oder mehrmals in der Woche in ein soziales Netzwerk, wie z.B. *facebook*, einloggen.

Jugendliche treffen sich nach der Schule bei *facebook*, lernen neue Leute kennen oder tauschen sich aus über die alltäglichen Dinge des Lebens, wie z.B. Gefühle, Befindlichkeiten, Interessen und Neuigkeiten. SNS kommen dem Bedürfnis Jugendlicher nach Selbstdarstellung und Aufmerksamkeit entgegen, verbunden mit der Möglichkeit, die bisherigen sozialen Kontakte zu erweitern.

Dies gilt für Jugendliche im Besonderen, da für ihr Wohlergehen der Kontakt zur Peergroup, sei er physisch oder virtuell, als essenziell bezeichnet werden darf. Die Peergroup dient als Übungsfeld, wie beispielsweise ein Pausenhof, um Konfliktlösungen, Beziehungsfähigkeit und Persönlichkeitsentwicklung zu erproben (vgl. Meyersieck & Borg-Laufs, 2012, S. 8). Jugendliche werden bereitwillig im Web 2.0 zu Prosumenten, indem sie sich dort ausprobieren, Freundschaften knüpfen, miteinander chatten und dabei ihren eigenen „Freundschaftswert" austesten. Die Möglichkeiten sozialer Online-Netzwerke kommen dem großen Bedürfnis Jugendlicher entgegen zu erfahren, wie sie auf andere wirken und wie beliebt sie selbst sind.

> *„Soziale online-Netzwerke dienen u.a. als Bühne zum Flirten und zur Partnersuche"* (von Martial 2012, S. 89).

2.2 Definition Sexualität

Unter dem Begriff „Sexualität" wird allgemein die „Geschlechtlichkeit" verstanden. Sie bezeichnet zunächst eine allgemeine und grundlegende Äußerung des Lebens, die beim Menschen in drei Funktionen gegliedert werden kann:

1. Fortpflanzung (reproduktiv)

2. Beziehung und Kommunikation (soziokulturell)

3. Lustgewinn und Befriedigung (rekreativ)

Diese Grundfunktionen werden vom Menschen in seinem Leben jeweils sehr individuell gestaltet und erlebt (vgl. Pschyrembel 2003, S. 485). Die Sexualität besteht und begleitet den Menschen ein Leben lang.

Arnulf Hopf erwähnt neben diesen drei Aspekten außerdem noch einen vierten, nämlich den der sexuellen Identität (Geschlechtsrollen). Hopf sieht Sexualität als zentralen Bestandteil einer Identitäts- und Persönlichkeitsentwicklung (vgl. Hopf 2002, S. 12ff).

Sexualität führt über die Kindessexualität zur Jugend- und anschließenden Erwachsenensexualität bis hin zur Alterssexualität, die wie die menschliche Persönlichkeit auf sehr individuelle Weise äußeren Einflüssen unterworfen ist. Individuelle Prägung, Sexualerziehung und Traumatisierung spielen dabei eine wichtige Rolle für jeden Einzelnen. Für alle Menschen hat Sexualität für ihr Wohlbefinden, ihre körperliche und psychische-Gesundheit und auch in sozialer Hinsicht eine große Bedeutung (vgl. Pschyrembel 2003, S. 485). Stein-Hilbers erwähnt, dass die biologische Geschlechtlichkeit im Sinne der reinen Fortpflanzung wie auch im Sinne des mit unmittelbarem Lustgewinn verbundenen Sexualtriebs abgelöst wurde, und zwar von einer

> *„Sexualitäts-Auffassung, die Menschen – und damit auch ihre Sexualität – als gesellschaftlich geworden und durch soziale Praktiken geformt begreift"* (Stein-Hilbers 2000, S. 26).

> *„Vielmehr repräsentieren Imagination und phantasmatische Besetzungen des Körpers, Wünsche und Erfahrungen, Körpererleben und – sensationen individuell und kollektiv ein*

Konstrukt, das ‚Sexualität' genannt wird" (Stein-Hilbers 2000, S. 12).

Das folglich breite Spektrum menschlicher Sexualität zwischen ererbten Anlagen und erworbenen Gewohnheiten ist schwer festzulegen.

> *„Offensichtlich hat die Sexualität des Menschen biologische, psychische und soziale Komponenten, die auf komplizierte Weise miteinander verknüpft sind, und man kann jede Einzelne nur verstehen, wenn man sie im Zusammenhang mit den anderen sieht. Genau dies versucht die interdisziplinäre Sexualwissenschaft: Sie versucht den Menschen als bio-psycho-soziales Wesen zu verstehen"* (Haeberle 2005, S. 11).

2.3 Sexuelle Entwicklung im Jugendalter

2.3.1 Psychosexuelle Entwicklung im Jugendalter

Fritz Mattejat beschreibt im Wesentlichen sieben allgemeine bio-psychosoziale Entwicklungsaufgaben der Jugendlichen während ihrer Pubertät (vgl. Mattejat 2008, S. 82).

1. Die körperliche Reifung

    Die Jugendlichen müssen die körperlichen Veränderungen und die des eigenen Aussehens begreifen und akzeptieren.

2. Die Aneignung männlichen und weiblichen Rollenverhaltens

    Der Jugendliche nimmt Kontakt zu Gleichaltrigen auf; insbesondere enge und intime Beziehungen.

3. Einen eigenen Freundeskreis aufbauen

    Jugendliche bauen nun enge und tiefe Beziehungen zu ihren Altersgenossen auf.

4. Bindung und Ablösung vom Elternhaus

    Emotionale Unabhängigkeit von den Eltern.

5. Orientierung auf das Berufsfeld

   Erste Überlegungen in Bezug auf die Berufswahl.

6. Differenzierung eines internalisierten moralischen Bewusstseins

   Kultiviert wird ein sozial verantwortliches Handeln. Werte, Prinzipien und Einstellungen werden neu gebildet. Kultur, Bildung, Konsummarkt, Medien und Genussmittel gewinnen an Bedeutung.

7. Selbstbewusstsein, Identitätsentwicklung und Zukunftsorientierung

   Jugendliche werden sich über ihre Stärken und Schwächen klar. Sie fangen an zu erörtern, wie sie sich selbst und andere sehen.

In Bezug auf die Sexualität gilt die Pubertät als besonderer Lebensabschnitt. Sie stellt Jugendliche und ihre Eltern vor ganz neuen Herausforderungen. Allgemein wird die Pubertät als die Phase der Integration und Manifestierung sexueller Orientierung und Begehrensstrukturen verstanden. Es werden sexuelle Verhaltensmuster und Gewohnheiten entwickelt, die meist bis ins hohe Alter beibehalten werden. Sie werden jedoch im Laufe des Lebens weiterentwickelt und modifiziert (vgl. Stein-Hilbers 2000, S. 71). Gerade die psychischen Folgen der Pubertät sind für Jugendliche sehr einschneidend.

„Die meisten Jugendlichen empfinden ihrem Körper gegenüber ein Fremdheitsgefühl. Durch die sexuelle Reifung und den Wachstumsschub verändert sich nicht nur der Körper selbst, sondern auch das Körpererleben" (Heuves 2010, S.17).

Folglich bedeutet das, dass sich die Jugendlichen durch die körperliche und sexuelle Reifung mit neuen und starken Gefühlen auseinandersetzen müssen. Jugendliche müssen sich von nun an mit ihren sexuellen Erregungen und der Möglichkeit, einen Orgasmus zu erleben, vertraut machen. Solche neuartigen, oftmals diffusen Gefühle zu bewältigen und zu verarbeiten, stellt eine wichtige Entwicklungsaufgabe dar. Phantasien und sexuelle Gefühle sind neuartig und noch nicht fest an einer Person oder am anderen Geschlecht orientiert. Im

Gegensatz zu Erwachsenen ist Sexualität nicht an eine bestimmte sexuelle Situation gebunden. Jugendliche können ihren sexuellen Gefühlen und Erregungen noch keinen sicheren Platz zuweisen. Sie tun sich oft schwer damit, da sich sexuelle Inhalte in Situationen bemerkbar machen, die in erster Linie rein gar nichts Sexuelles beinhalten, z.B. vor oder in der Klasse. Jugendliche können noch nicht einschätzen, wann eine sozial-neutrale Situation als eine sexuelle Situation verstanden werden darf. Das heißt, jede spannungsgeladene Situation kann eine sexuelle Erregung oder Reaktion beim Jugendlichen erzeugen (vgl. Heuves 2010, S. 18).

> *„Das Vertrautwerden mit der eigenen und der Sexualität anderer beginnt. Kindliche Erfahrungen und Erlebnisse werden in dieser Zeit neu interpretiert"* (Stein-Hilbers 2000, S. 72).

In Bezug auf die oben genannten Entwicklungsaufgaben Mattejats, insbesondere der Aneignung männlichen und weiblichen Rollenverhaltens, fokussiert sich die Wahrnehmung der Jugendlichen auf einen zentralen Aspekt der Selbst- und Fremddarstellung hinsichtlich der Erotik und der sexuellen Begehrtheit. Allerdings erfordern sexuelle Interaktionen die Fähigkeit zur Selbstreflexion und zudem, sich aus der Perspektive des Gegenübers wahrzunehmen (vgl. Stein-Hilbers 2000, S. 73).

> *„Körperzustände und -sensationen müssen psychisch gedeutet und gleichzeitig auf die etablierten Muster zur Gestaltung sexueller Interaktionen abgestellt werden"* (Stein-Hilbers 2000, S. 73).

Zunächst richtet sich das Begehren der Jugendlichen noch auf unerreichbare Liebesobjekte, z.B. auf Popstars oder andere Idole. Die Jugendlichen entwickeln dabei ausgeprägte, auf diese Objekte gerichtete anreizende Phantasien. Erst allmählich treten an deren Stelle reale Personen (vgl. Stein-Hilbers 2000, S. 72).

<u>2.3.1.1 Veränderungen innerhalb der Jugendphasen</u>

Die körperliche Reifung, die zur sexuellen Reifung und Veränderung führt, lenkt die Aufmerksamkeit, die zunächst fremd erscheint, zentral auf den Körper und seine sexualisierten Eigenschaften und Merkmale. Die Menarche bzw. die erste Ejakulation verkörpert den Zugang in die neue und noch fremde Welt der Erwachsenen. Es werden neue Konstrukte von Männlichkeit und Weiblichkeit konstruiert und neu interpretiert: die bewusste Zugehörigkeit zur Gruppe der Frauen, die gebären können, und die Gruppe der Männer, die zeugen können (vgl. Stein-Hilbers 2000, S. 71). Zirka acht Monate vor der Menarche beginnt bei Mädchen bereits Brust- und Schamhaarwachstum. Oftmals wird die Menarche von den Mädchen als Kristallisationspunkt der Pubertät bewertet. Sie hat deutlich weniger mit sexuellem Erleben zu tun als vielmehr mit einem hohem Umfang an höchst diffusen und fremden Empfindungen und Wahrnehmungen. Von diesem Zeitpunkt an haben Mädchen Gefühle der Scham und ebenso Stolz. Sie müssen sich neuerdings um verstärkte Körperhygiene kümmern und entscheiden, mit wem sie darüber sprechen möchten und mit wem nicht. Auch birgt diese neue, fremde Phase von nun an Gefahren für die Mädchen, immerhin können sie ab diesem Zeitpunkt schwanger werden. Restriktionen und Reglementierungen, z.B. durch die Eltern, kommen auf die Mädchen zu – häufig entgegengesetzt zu ihren Wünschen und Bedürfnissen, ab sofort ihre Weiblichkeit und Attraktivität auszuprobieren und betonen zu wollen (vgl. Stein-Hilbers 2000, S. 71).

Bei Jungen beginnt die Pubertät mit der ersten Ejakulation, folglich auch die Zugehörigkeit zur Gruppe der fortpflanzungsfähigen Männer.

„Die potentielle Zeugungsfähigkeit wird von den Jungen als Zuwachs an Männlichkeit und auch an Aktionsmöglichkeiten empfunden und geht einher mit entsprechenden Mitteilungen und

auch Prahlereien in der Gleichaltrigen-Gruppe" (Stein-Hilbers 2000, S. 71).

In dieser Entwicklungsphase erfahren Jungen höhere Toleranzgrenzen als Mädchen. Sie werden weder mit strengen Reglementierungen noch mit Einschränkungen in ihren Aktionsräumen konfrontiert. Ganz im Gegenteil, von Jungen werden zunehmend gefordert, sich Ausdrucksformen der Männlichkeit anzueignen.

„Riskante und gesundheitsgefährdende Verhaltensweisen – Sachbeschädigung, harte Risikopraxen, riskanter Fahrzeuggebrauch, verstärkter Alkohol- und Zigarettenkonsum – gelten als fast zwangsläufige Begleiterscheinung" (Stein-Hilbers 2000, S. 72).

Die WHO teilt die psychosexuelle Entwicklung von Kindern und Jugendlichen in fünf verschiedene Phasen auf, wobei ich die fünfte und letzte Phase und deren Merkmale hervorheben möchte (vgl. WHO/BZgA 2011, S. 30):

- Jugendliche sind sehr verunsichert, was das Wachstum ihres Körpers angeht

- Jugendliche müssen sich erst an ihren neuen Körper gewöhnen, sie sind verlegen und fühlen sich oft unwohl in ihrem Körper

- Sie entwickeln ein sexuell geprägtes Selbstbild und betrachten sich als jemanden, der Sexualität haben kann, was wichtig für sie ist und aufgrund dessen sie gut aussehen wollen – für sich selbst und für den potenziellen Partner

- Sie sind sehr empfindlich, was die Meinung anderer angeht. Sie lassen sich sehr leicht durch Altersgenossen beeinflussen

- Sie finden schnell Menschen gleichen Alters sexuell attraktiv

- Jungen und Mädchen finden allmählich heraus, ob sie Jungen oder Mädchen sexuell attraktiv finden (sexuelle Orientierung)

- Sie verlieben sich bewusst zum ersten Mal in ihrem Leben

- Sie flirten miteinander und entwickeln Beziehungen

- Sie machen erste Erfahrungen im Bereich Küssen, Streicheln und Petting

- Die Jugendlichen werden unabhängiger und sind nicht mehr so stark an ihre Eltern gebunden

- Sie experimentieren mit Beziehungen

- Die sexuellen Erfahrungen nehmen in der Regel folgenden Ablauf: Küssen, Berühren, Streicheln mit Kleidung, Petting nackt, Vaginalverkehr, schließlich Oralverkehr und vereinzelt Analverkehr.

- Die Jugendlichen werden erfahrener im Umgang mit dem anderen Geschlecht: Bedeutend sind das Verhandeln, Kommunizieren und Formulieren von Wünschen, Grenzen und Respektbezeugungen

2.3.1.2 Probleme innerhalb der Jugendphasen

Die Pubertät ist eine hochsensible und aufregende Zeit für Jugendliche.

„Ab der Pubertät führen biologische, soziale und vor allem kognitive Veränderungen dazu, dass die meisten Jugendlichen zwar selbstständiger aber auch kritischer werden, vor allem mit sich selbst und mit den eigenen Eltern, denn langsam wird klar, dass auch sie nicht immer eine Antwort haben. Zumindest haben sie nicht immer die richtige Antwort" (Watzlawik 2004, S. 156).

Folglich gewinnen Peergroups an Bedeutung. Sie bestimmen jetzt, welches die richtigen Antworten auf die Fragen der Jugendlichen sind, und üben Macht aus, wenn es um das eigene Selbstwertgefühl geht. In der Peergroup geben sich Jugendliche untereinander Anerkennung, sind aber auch in der Lage, sich gegenseitig zu diskreditieren. Ablehnung innerhalb der Peergroup ist vor allem in dieser hochsensiblen Phase des Jugendalters, in der man in seinem selbsterwähltem sozialen Umfeld nach Bestätigung sucht, eine katastrophale Erfahrung (vgl. Watzlawik 2004, S. 156). Gemeinsame Freizeitaktivitäten, eine Allianz gegen die Eltern bildend, gemeinsame Erfahrungen und Erlebnisse, zudem noch dasselbe Interesse an Musik, Sport, Stars oder am Faulenzen, ermöglichen eine Zugehörigkeit und ein Wiedererkennungsgefühl außerhalb des ElternhauseS. Die Fragen, wer man sein will und sein darf oder was zur Akzeptanz und was zur Ablehnung der Peergroup führt, gestalten und beantworten sich in dieser Phase des Jugendalters und können, vor allem durch die abwechslungsreichen Optionen in der heutigen Zeit, ungeahnte Freiheiten bieten (vgl. Watzlawik 2004, S. 156). Neuartige Gefühle und die damit verbundene Konfrontation verlangen von Jugendlichen neue Mittel und Wege, damit umzugehen und Neues auszuprobieren. Jugendliche werden gefordert, diese neuen Eigenschaften für sich selbst zu akzeptieren und ihnen einen Platz zuzuweisen (vgl. Heuves 2010, S. 17). Durch die körperliche, noch etwas fremde Veränderung sind die Jugendlichen noch sehr unsicher auf ihrem Terrain, dies zeigt sich oft in starken Zweifeln über die eigene äußere Erscheinung. Fast alle Mädchen sind bezüglich ihrer Figur und ihres Körperselbstbilds unsicher. Sie fühlen sich zu dick, zu dünn, zu klein oder zu groß (ebd.).

Mrazek (1987) behauptet, dass mit zunehmendem Alter der Jugendlichen Narzissmus und Körperpflege wichtiger werden, während Sport, Gesundheitsprobleme und Kontakt zu den Eltern ihr Gewicht nicht verändern (vgl. Oerter/Montada 2002, S. 282). Bei Jungen zeigt sich die pubertäre

Unsicherheit vor allem bezogen auf ein sportliches Äußeres: breite Schultern, ausgebildete Muskeln, Bartwuchs und Stimmbruch sind für sie wichtige Aspekte.

> *„Es ist nicht schwer zu erkennen, dass die Besorgnis um das Äußere mit der Unsicherheit über den neuen sexuellen Körper zu tun hat. Und wer die Jugendzeitschriften aufschlägt, sieht mit einem Blick, dass die Attraktivität für das andere Geschlecht das Wichtigste zu sein scheint"* (Heuves 2010, S. 17).

Jugendliche, die sehr früh oder sehr spät in die Pubertät kommen, fühlen sich oft von der Peergroup abgelehnt oder isoliert. Sie fürchten, den Anschluss an ihre Gleichaltrigen-Gruppe zu verpassen oder ausgestoßen zu werden. Allerdings erwähnt Heuves, dass Jugendliche mit viel Selbstbewusstsein es weniger schwer haben als andere, die sich sehr unsicher fühlen.

> *„Es bleibt übrigens wichtig festzuhalten, dass die Qualität des Familienlebens ein entscheidender Faktor ist: Je mehr Probleme es in der Familie gibt, desto unsicherer ist der Jugendliche mit sich selbst"* (Heuves 2010, S. 18).

2.3.2 Der Umgang mit dem eigenen Körper

In einer repräsentativen Studie der Bundeszentrale für gesundheitliche Aufklärung 2010 zum Thema Jugendsexualität kam heraus, dass Jugendliche in ihrer sexuellen Entwicklung und in der Pubertät ihren Körper ganz bewusst neu erleben und wahrnehmen. Jugendliche müssen sich folglich mit ihrer neuen Körperlichkeit auseinandersetzen und nehmen dies zwangsweise als Herausforderung an. Durch die Bildung der Geschlechtsmerkmale, die körperliche und sexuelle Reifung gewinnt für Jugendliche die Norm in Hinsicht auf das Äußere neue, große Bedeutung (vgl. BZgA 2010, S. 92).

Die Studie der BZgA hat sechs verschiedene Dimensionen des körperlichen Bewusstseins von Jugendlichen im Alter von 14 bis 17 erfasst. Insbesondere wurde das subjektive Körperbewusstsein eines jeden einzelnen in Augenschein genommen. In Abbildung 1 und 2 wird deutlich, dass knapp die Hälfte der weiblichen Jugendlichen und über 70% der männlichen Jugendlichen sich tatsächlich wohl in ihrem Körper fühlen. Folglich verspüren Jugendliche ein gutes Körperbewusstsein und Körpererleben.

Knapp 70% der weiblichen Jugendlichen und knapp 80% der männlichen Jugendlichen achten sogar darauf, sportlich fit zu bleiben und ihren Körper in Form zu halten. Auch auf ihr Styling legen Jugendliche einen recht großen Wert. Allerdings ist geschlechtsstereotypisch festzustellen, dass es in dieser Kategorie einen kleinen prozentualen Unterschied gibt. Zirka 75% der Mädchen achten auf ihr Styling und stylen sich auch gerne. Dagegen stylen sich die Jungen und achten auf ihr Äußeres nur zu knapp 50% gern. Deutlich zu erkennen ist, dass das Styling in der Pubertät eines der wichtigsten Dinge für die Mädchen ist, die sie mit ihrem Körperbewusstsein in Verbindung bringen, während Jungen andere Prioritäten haben. Für die männlichen Pubertierenden sind Sport und Fitness die definitiven Präferenzen.

Abbildung 1: *Körperbewusstsein 14- bis 17-jähriger Mädchen*

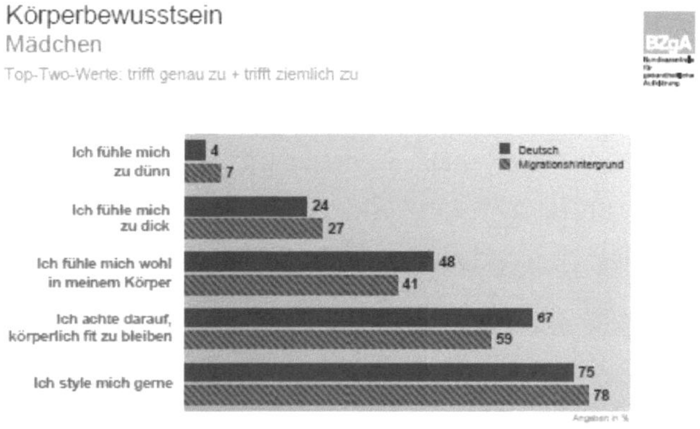

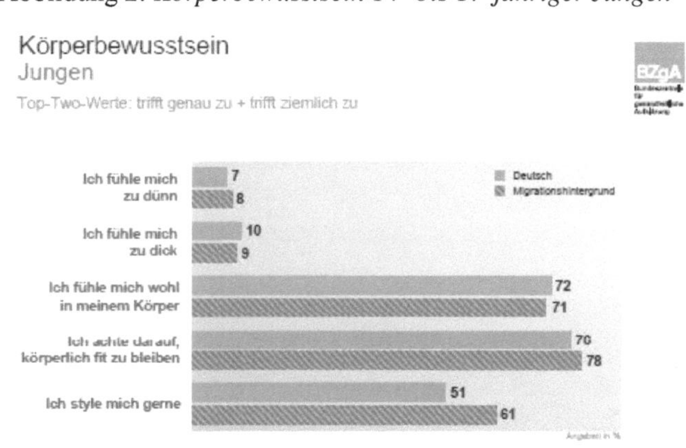

(Quelle: BZgA 2010, S. 92)

Abbildung 2: *Körperbewusstsein 14- bis 17-jähriger Jungen*

(Quelle: BZgA 2010, S. 93)

Im Allgemeinen lässt sich sagen, dass Jugendliche ihr Körperempfinden durchaus zunächst positiv bewerten. Großartige geschlechtsstereotypische Unterschiede in den Aussagen sind nicht nachzuweisen. Allerdings kommen Jungen mit ihrem Körpergewicht besser klar als die Mädchen. Nur knapp 10%

der Jungen fühlen sich entweder zu dick oder zu dünn, wohingegen knapp 25% der Mädchen sich zu dick oder zu dünn fühlen.

Vor allem hat die Atmosphäre im eigenen Elternhaus tatsächliche Auswirkungen auf das individuelle Körperempfinden Jugendlicher. Offenbar hängen Wohlfühlen und Selbstvertrauen zusammen, denn je mehr die Jugendlichen sich im Elternhaus ernst genommen fühlen, desto positiver empfinden sie ihren eigenen Körper (vgl. BZgA 2010, S. 95f).

Auch der sexuelle Umgang mit dem eigenen Körper in Form von Masturbation ist unter Jungen eine stark verbreitete Aktivität, während sich Mädchen nur zu einer Minderheit in dieser Form mit ihrem Körper beschäftigen. In Abbildung 3 wird bestätigt, dass knapp 80% der 17-jährigen Jungen zu ihrer körpereigenen Erotik in Form von Masturbation stehen und diese auch ausüben. Der Prozentsatz der 17-jährigen Mädchen liegt hingegen nur bei knapp 30%.

Abbildung 3: *Erfahrungen mit Masturbation in letzen 12 Monaten*

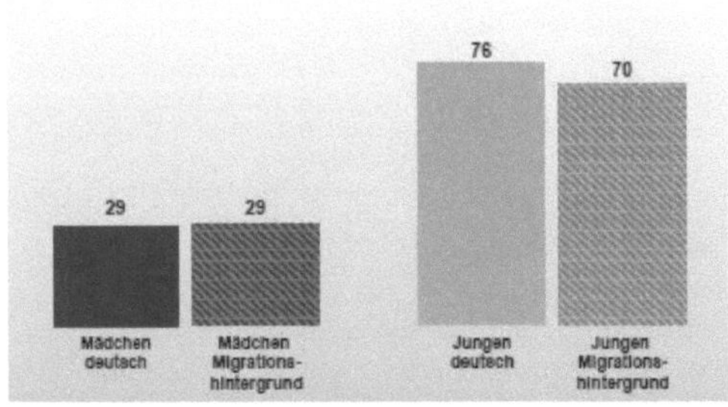

(Quelle: BZgA 2010, S. 117)

Des Weiteren ist zu erwähnen, dass sowohl die Bildung als auch die sexuellen Erfahrungen mit dem jeweils anderen Geschlecht keine Rolle spielen, was das Praktizieren von Masturbation angeht (vgl. BZgA 2010, S. 118).

2.3.3 Der Umgang mit Sexualpartnern

Die Ergebnisse der BZgA-Studie zur Jugendsexualität im Jahr 2010 geben kein alarmierendes Sexualverhalten der Jugendlichen an. Wichtig erscheint es allerdings, den Fokus auf die Entwicklung der sexuellen Aktivitäten zu richten. Wie in Abbildung 4 deutlich wird, haben knapp 80% der 15-jährigen Mädchen bereits sexuelle Erfahrungen mit dem anderen Geschlecht gemacht. Mit aufsteigendem Alter nehmen auch die sexuellen Erfahrungen dann zu. 85% der 16-jährigen Mädchen und 92% der 17-jährigen Mädchen haben laut BZgA-Studie sexuelle Erfahrungen gemacht. Ebenso wie die Mädchen haben auch die Jungen, die sehr früh die sexuelle und körperliche Reife erreichen, auch meist eher Sexualkontakte. Knapp 80% der 15-jährigen Jungen haben längst erste sexuelle Erfahrungen machen dürfen. Mit aufsteigendem Alter nehmen dann auch die sexuellen Erfahrungen zu. Ein sehr starker Unterschied zur Gruppe der Mädchen ist jedoch nicht zu erkennen. 89% der 16-jährigen Jungen und 92% der 17-jährigen Jungen haben laut BZgA-Studie sexuelle Erfahrungen gemacht.

Abbildung 4: *Noch keinerlei sexuelle Erfahrungen*

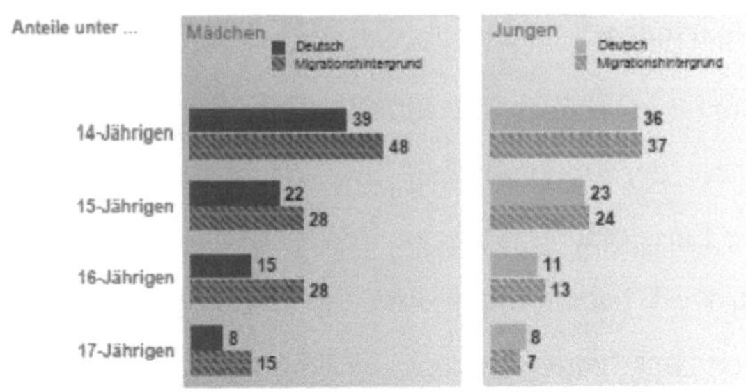

(Quelle: BZgA 2010, S. 101)

Zwei Gründe, aus denen sich 14-jährige Mädchen und Jungen sexuell zurückhalten oder noch nicht allzu viele sexuelle Erfahrungen mit dem jeweils anderen Geschlecht gesammelt haben, waren:

1. Das gewichtigste Argument: das Fehlen des richtigen Partners

2. Die eigene Schüchternheit, den jeweiligen Auserwählten anzusprechen

„Bei den Jugendlichen rückt das Fehlen des oder der Richtigen immer mehr in den Vordergrund, je älter die Mädchen und Jungen sind. Das Argument ‚man fühle sich zu jung' verliert dagegen an Einfluss" (BZgA 2010, S. 102f).

Eine große Rolle für das sexuelle „Sicheinlassen" spielt erwartungsgemäß auch die Vertrautheit mit den jeweiligen Partnern. In Abbildung 5 wird offensichtlich, dass knapp 65% der 14- bis 17-jährigen Mädchen mit ihrem ersten Sexualpartner befreundet oder vielmehr „zusammen" waren. Fast 30% der Mädchen kannten ihren ersten Sexualpartner gut. Je fremder der Sexualpartner war, desto weniger Mädchen hatten auch mit ebendiesem einen Sexualkontakt.

Nicht wesentlich anders zeigt die Untersuchung auch die Ergebnisse der 14- bis 17-jährigen Jungen. Knapp 60% der Jungen hatten eine feste Beziehung, und knapp 25% kannten ihre Partnerin immerhin gut. Nur 11% der Jungen kannten ihre Partnerinnen flüchtig, 3% gar nicht. Bei Jugendlichen bleibt demnach für beide Geschlechter festzuhalten, dass, je älter sie werden, desto kultivierter werden ihre individuellen Erfahrungen, und je älter sie werden, desto häufiger lassen sie sich in einer festen Beziehung auf den „richtigen" Sexualpartner ein.

Abbildung 5: *Bekanntheit mit Partner des ersten Geschlechtsverkehrs*

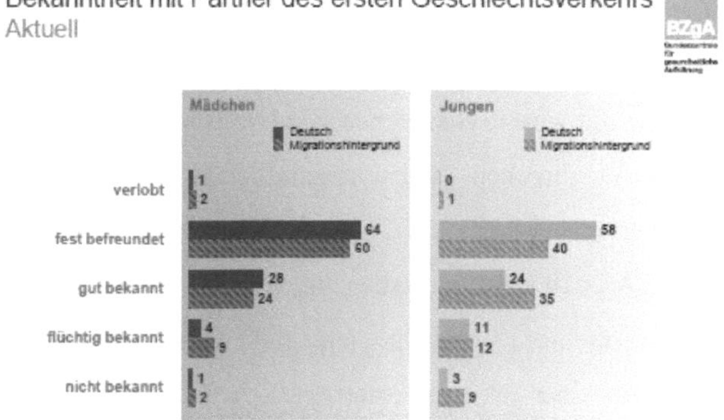

(Quelle: BZgA, S. 131)

58% der Mädchen, die mit 14 oder noch früher einen Sexualpartner hatten, bezeichneten diesen als ihren festen Freund. Bei den Mädchen, die 16 bzw. älter waren, sind es bereits 72%. Bei den Jungen sind es 52%, die ihren ersten Sexualpartner mit 14 oder früher hatten. Knapp 65% der Jungen waren 16 oder älter beim ersten Geschlechtsverkehr. Allerdings ist nicht festzustellen, dass sich die „Jüngeren" häufiger auf fremde oder unbekannte Partner einlassen. Diese Merkmale lassen sich nicht anhand der Altersgruppe der Jugendlichen festmachen (vgl. BZgA 2010, S. 132).

Mädchen und Jungen erproben und durchlaufen demnach mehrere Grade von individuellem Herantasten an Sexualität mit sich selbst und später dann mit den dazugehörigen Sexualpartnern. Es erfolgt eine schrittweise Einübung der partnerorientierten Sexualität im Leben der Jugendlichen. Es fehlt ihnen erfahrungsgemäß nicht an Gelegenheiten, sich in ihrer Freizeit auszutauschen, Sexualpartner zu finden und erste Versuche in diese neue Richtung einzuleiten. Sie suchen sich ungestörte Räume, vorwiegend zunächst in der elterlichen Wohnung, z.B. im Kinderzimmer, um einander näher zu kommen. Es ist ein langjähriger Prozess, in dem die Jugendlichen peu à peu immer wieder neue sexuelle Erfahrungen machen (vgl. Stich 2003, S. 99f). Jugendliche stellen sich folglich täglich neuen Herausforderungen und nehmen Anforderungen an, sich selbst neu wahrzunehmen und zu spüren, was ihnen mehr oder weniger gut tut. Es entsteht darüber hinaus ein gesellschaftlicher Modernisierungsprozess, so Stich, verbunden mit dem Wegbrechen „selbstverständlicher", unhinterfragter sexueller Normen und Rollenmuster (vgl. Stich, S. 100). Wie bereits in den oben genannten Studien der BZgA 2010 erwähnt, haben Jugendliche vor ihrem ersten Geschlechtsverkehr meist mehrere Beziehungen mit einem eindeutigen Zugehörigkeitsgefühl bzw. in einer festen Partnerschaft. Besonders wichtig ist es für Jugendliche, dass ihre eigenen Wünsche und Bedürfnisse mit ihren Sexualpartnern abgesprochen und abgestimmt werden, ohne dabei in einen Konflikt zu den Erwartungen in der Peergroup zu geraten. Meistens gelingt den Jugendlichen diese Balance, wobei ausgiebige Pettingerfahrungen – oft mit mehreren Partnern – zu den jugendkulturellen Selbstverständlichkeiten gehören (vgl. Stich 2003, S 102).

Aussage eines 16-jährigen Teenagers:

„Auf jeden Fall haben wir dann halt zusammen in einem Bett geschlafen, und da war aber überhaupt nichtS. Nur morgens hat er sich so an mich gekuschelt und so...Und dann, von dem Zeitpunkt

an war das eigentlich so eine Zeit lang nur so eine, ja, so eine Kuschelbeziehung (Tatjana, 16 Jahre alt)" (Stich 2003, S. 102).

Probleme gibt es beim Anlauf zum ersten Geschlechtsverkehr zuhauf. Jugendliche differenzieren ganz genau zwischen ihrem Körpererleben und ihrer emotionalen Befindlichkeit, in der das gesamte momentane körperliche Erleben und die individuelle Stimmung kollidieren. Somit ist der erste Sexualkontakt mit dem anderen Geschlecht nur *eine* Sensation im gesamten sexuellen Lernprozess von Jugendlichen.

„Um Sexualität körperlich genießen zu können, brauchen die meisten Mädchen, aber auch viele Jungen einige sexuelle Erfahrungen, manche auch eine neue Partnerschaft" (Stich 2003, S. 103).

Jugendliche wollen und brauchen eine feste Partnerschaft bzw. Beziehung. Sie ahnen allerdings, dass die momentanen Beziehungen, die sie führen, geprägt von hochromantischen Gefühlen und Hoffnungen, allerdings eventuell nur einen vorübergehenden Charakter in ihrer Lebenswelt haben. Konflikte, veränderte Lebensumstände, Aufnahme einer Ausbildung oder eines Studiums, fordern die Beziehungen heraus, und spätestens dann macht es sich bemerkbar, ob die Partnerschaft stabil ist (vgl. Stich 2003, S. 107).

Jugendliche gehen selbstbewusst und mit großer Verantwortung für ihre eigene sexuelle Entwicklung und für diejenige ihrer Sexualpartner um. Der reflexive Umgang in Bezug auf das Warten auf den „Richtigen" oder die „Richtige" zeigt dies besonders deutlich.

„Das in hohem Maße reflexive Verhalten Jugendlicher angesichts widersprüchlicher Erwartungen an ein angemessenes Alter für bestimmte sexuelle Erfahrungen und der bewusste Umgang mit Trennungen, die aus dem vorläufigen Charakter der ersten Beziehungen folgen, zeigen beispielhaft, welche beträchtlichen

Orientierungsleistungen Jungen und Mädchen infolge des Schwindens der sexuellen Verbotsmoral sowie allgemeingültiger Regeln für voreheliche Sexualität einbringen" (Stich 2003, S. 110).

3. Jugend und Sexualität im Web 2.0

3.1 Ausdrucksmöglichkeiten von Sexualität im Web 2.0

Bekanntlich besprechen Jugendliche ihre sexuellen Erlebnisse und Erfahrungen mit ihren Freunden. Sie tauschen sich aus, diskutieren gemeinsam über Inhalte und Erlebnisse und probieren zusammen Neues oder neue sexuelle Sensationen auS. Laut der neusten James-Studie 2012 zählt das soziale Online-Netzwerk *facebook* mit knapp 80% jugendlichen Anwendern zu den am häufigsten genutzten Online-Netzwerken (James-Studie 2012, S. 36). Deshalb möchte ich mich in dieser Arbeit auf das soziale Online-Netzwerk *facebook* beschränken. Die häufigste Aktivität innerhalb der SNS ist die Kommunikation.

Abbildung 6: *Tätigkeiten in Sozialen Netzwerken nach Altersgruppen*

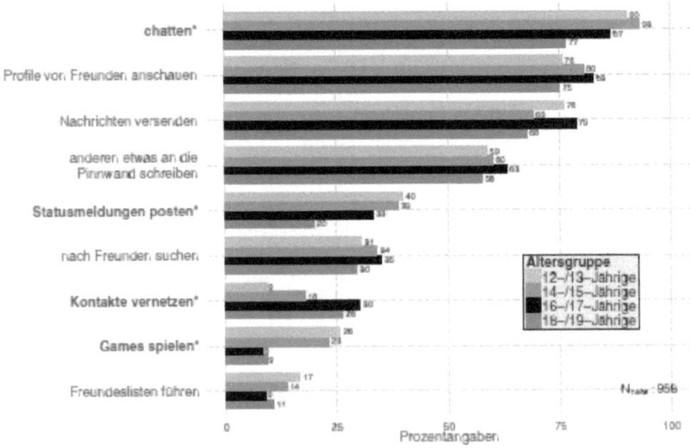

(Quelle: James-Studie 2012, S. 37)

In Abbildung 6 wird deutlich, dass mit 93% an erster Stelle der Aktivitäten das Chatten mit Freunden und an zweiter Stelle mit 83% das Betrachten der Profile von Freunden steht. An dritter Stelle werden persönliche Nachrichten, sogenannte PNs, verschickt, gefolgt von „anderen etwas auf die Pinnwand schreiben" und „Statusmeldung posten". Aufgrund dieser Häufigkeit werde ich mich im Kapitel über sexuelle Ausdrucksforrmen auf diese Themen beschränken und besonders auf das Thema Sexting, eine der häufigsten und bedeutsamsten sexuellen Ausdrucksmöglichkeiten, die Jugendliche auf SNS anwenden, eingehen. Unter Sexting versteht man den Fotoaustausch selbstproduzierter erotischer Bilder via Handy oder Internet, vorzugsweise auch als Profilbilder bei *facebook*.

„Sexting (englisches Kofferwort aus ,Sex' und ,Texting') bezieht sich auf den interpersonalen Austausch von selbstproduzierten freizügigen Fotos – seltener Videos – per multimedialem Handy-Kurzmitteilungsdienst MMS" (Döring 2012, S. 5).

73% der Jugendlichen (JIM-Studie 2012, S. 38) stellen Fotos oder Videos bei *facebook* ein. Neben anderen Ausdrucksformen wie beispielsweise Cybersex oder Porno-Rap-Videos ist jedoch das Sexting unter Jugendlichen am verbreitetsten und zugleich am verpöntesten, allerdings auch am aufregendsten für die Jugendlichen. Porno-Rap-Videos und Pornografie implizieren allerdings nur den Aspekt des Konsumierens, sind dementsprechend im eher passiven Web 1.0 zu finden. Dagegen sind insbesondere Sexting und Cybersex aktive Ausdrucksformen der Sexualität und daher Web-2.0-basiert. Demzufolge gehc ich in dieser Arbeit auf die Ausdrucksformen des Sextings und des Cybersex ein.

Döring erwähnt, dass die große Mehrheit der Jugendlichen Sexting ablehnt und auch nicht oft praktiziert, nämlich 80% der Mädchen und 85% der Jungen. Die praktizierende Minderheit von Sexting-Anwendern tut dies ausschließlich aufgrund intimer Kommunikation in Liebes- und Flirtbeziehungen (vgl. Döring 2012, S. 4).

Beim Sexting gilt es drei verschiedene Komponenten zu unterscheiden: das Versenden, das Empfangen und das Weiterleiten von Bildmaterial. Sexueller bzw. erotischer Fotoaustausch, auch im Rahmen einer Selbstpräsentation bei *facebook*, ordnet sich folglich in ein breites Spektrum interpersonaler sexueller Ausdrucksformen ein. Diese verbreitete Art von sexueller Kommunikation unter Jugendlichen hat heute eine gewisse Normalität erlangt (vgl. Döring 2012, S. 8). Von der Öffentlichkeit als das primäre mediale Problemverhalten bei Jugendlichen wahrgenommen, betonen Medienpädagogen besonders die Gefahren solch erotischer Fotokommunikation unter Jugendlichen. Viele Medienpädagogen fordern zu einer Art von Sexting-Abstinenz auf. Döring meint dazu, dass Sexting – wie auch das generelle Sexualverhalten Jugendlicher – in erster Linie als ein psychosoziales und gesundheitliches Risiko gesehen werden kann. In diesem Zusammenhang ist es generell möglich, dass Sexting negative Emotionen und Konflikte zur Folge haben kann (vgl. Döring 2012, S. 23).

Cybersex ist eine weitere Ausdrucksform der Sexualität, die im Web 2.0 ausgeführt werden kann. Unter Cybersex versteht man

> *„computervermittelte zwischenmenschliche Interaktionen, bei denen die beteiligten Personen offen sexuell motiviert sind, also sexuelle Erregung und sexuelle Befriedigung suchen, während sie einander digitale Botschaften übermitteln"* (Dannecker 2007, S. 334).

Cybersex wird nicht als einsame masturbatorische Sequenz der menschlichen Sexualität gesehen, denn es gibt zwar kein direktes anwesendes, jedoch durchaus ein reales Gegenüber. Jugendliche, die sich über den Chat kennenlernen und flirten, wissen meist mehr über die Sexualität des Anderen vor der ersten Face-to-face-Begegnung und haben auch selbst mehr von ihrer eigenen Sexualität preisgegeben. Beim Chatten klären Jugendliche, ob die eigenen sexuellen Wünsche und Vorstellungen mit den sexuellen Wünschen und Vorstellungen des Gegenübers übereinstimmen oder zumindest miteinander vereinbar sind. Das Ausloten des sexuellen Begehrens und das Offenbaren der eigenen Lust und der eigenen Fantasien werden von Jugendlichen besonders lustvoll erlebt (vgl. Danneker 2007, S. 332). Cybersex ist eine von der Partnerschaft unabhängige Ausdrucksform der Sexualität (vgl. Dannecker 2007, S. 333). Im Web 2.0 werden folglich keine neuen sexuellen Wünsche erzeugt, sondern das Web 2.0 ermöglicht andere Umgangsweisen mit sexuellen Wünschen und Konflikten. Beim Cybersex geht es um wechselseitige Sexualisierung, die bewusst wahrgenommen und kontrolliert werden kann. Zudem erleben Jugendliche sexuelle Grenzverletzungen, Ablehnungen und Zurückweisungen weniger kränkend, als sie es in der realen Welt wären (Dannecker 2007, S. 335).

Sexualität ist sowohl in der realen Welt als auch in der virtuellen Welt nicht einfach da, sondern sie wird hergestellt. Das bedeutet, Jugendliche haben die Möglichkeit, auch in der digitalen Welt via Cybersex sexuelle Bedürfnisse in sexuelle Interaktionen umzusetzen. Für viele Jugendliche ist der Chat ein Sprachrohr, durch das sie ungehemmt über ihre sexuellen Wünsche kommunizieren können, während es ihnen in der realen Welt oftmals schwer fällt, klar über diese neuen sexuellen Bedürfnisse zu sprechen.

„Auch die sexuelle Kommunikation in den Chatrooms, in der man sich ja mit einem virtuellen Selbst bewegt, lädt dazu ein, sexuell alles zu sagen, was einem in den Sinn kommt, ohne reale Sanktionen befürchten zu müssen" (Dannecker 2007, S. 336).

3.2 Der Umgang Jugendlicher mit ihrer Sexualität im Sozialen Netzwerk *facebook*

Wie bereits im vorherigen Kapitel erwähnt, nutzen Jugendliche täglich das Internet und verbringen die meiste Zeit damit, über ihr Smartphone oder zu Hause am PC auf SNS zu surfen. Die Shell-Studie (Albert et al. 2010) zeigt, dass 97% der Jugendlichen in Deutschland einen Internetzugang und davon fast alle mindestens einen Account auf einer SNS haben. Die Studie „Jugend, Information und Multimedia" (JIM-Studie 2012) besagt, dass sich bereits knapp 80% der 12- bis 19-Jährigen täglich oder mehrmals in der Woche in ein soziales Online-Netzwerk wie z.B. *facebook* einloggen. Laut Döring benutzen Jugendliche vier wichtige Formen sozialer Szenarien, in denen sexuelle Ausdrucksformen und Inhalte in Form von erotischem Fotoaustausch, dem sogenannten Sexting, oder über die Kommunikation in Chats bei *facebook* zum Tragen kommen:

1. zur Pflege einer bestehenden Beziehung bzw. Partnerschaft,

2. zur Annäherung einer neuen Beziehung bzw. Partnerschaft,

3. für unverbindliche Flirts,

4. zum allgemeinen Austausch in der Peergroup.

Erotischer Fotoaustausch, kurze persönliche Nachrichten mit sexuellen Inhalten (Sprüche, Gedichte, Comics) bis hin zu kreativen Liebesbotschaften, in dem man beispielsweise romantische Lieder via *YouTube* postet oder verschickt, sowie ausdrückliche Liebeserklärungen in der eigenen Statusmeldung bei *facebook* finden primär im Rahmen fester Beziehungen statt. 60 bis 80% der Jugendlichen nennen als Empfänger solcher Mitteilungen ihren festen Beziehungs- bzw. Sexualpartner. Döring erklärt, dass gerade diese Ausdrucksformen als „Liebesbeweise" und symbolische Geschenke an den Partner aufzufassen sind (vgl. Döring 2012, S. 9). Besonders jugendliche Paare, die vielfach räumlich voneinander getrennt sind, gestalten kreativ, bekräftigen und kultivieren medial ihre Verbindung.

> *„Geteilte Sexualität wird von Jugendlichen als wesentliches Zeichen dafür betrachtet, als Paar zusammen zu gehören und erwachsen zu werden"* (Döring 2012, S. 9).

Jugendliche nutzen diese Art von sexuellen Ausdrucksformen auch als Annäherung einer neuen Partnerschaft oder Schwärmerei. Wie im vorherigen Kapitel beschrieben, ist die mit 93% häufigste Aktivität der Jugendlichen das Chatten und Kommunizieren (James-Studie 2012, S.37). Folglich findet oft ein intensives Kennenlernen nach der Schule im Austausch beim Chatten im Sozialen Online-Netzwerk statt.

> *„Neue Freundschaften betreffen häufig Jugendliche, deren Bekanntschaft in der Schule oder in Vereinen schon gemacht wurde, allerdings ohne intensive Gespräche, die über soziale Netzwerke initiiert werden können."* (Wampfler 2013)

Dies bedeutet, dass sich Jugendliche im medialen Austausch miteinander als schrittweise Annäherung vor einem ersten Date über einander informieren und auch – nicht selten freizügige – Bilder von sich, Fotos der Familie oder von Freunden austauschen. In der Sexting-Studie von Nicola Döring 2012 berichteten 22% der befragten 13- bis 19-Jährigen, dass erotische und freizügige Fotos via *facebook* über PN ihr Interesse an einem Date gesteigert hätten. Somit wird diese Form der sexuellen Annäherung der Jugendlichen im Sinne der Beziehungsanbahnung als Indikator dafür genommen, ob die gegenüber mitspielende Partie als Beziehungspartner in Betracht kommt oder nicht (Döring 2012, S. 11). Wie bereits in vorherigen Kapiteln festgestellt, gehen Jugendliche sehr verantwortungsvoll mit ihrer eigenen Sexualität, aber auch mit der der anderen um. Trotzdem bietet grade das Chatten Raum für sexuelle Explorationen und Experimente.

In Bezug beispielsweise auf unverbindliche Flirts können sich die Jugendlichen im Chat miteinander erproben. Jugendliche gehen ganz bewusst mit unverbindlichem, spielerischem oder auch sexuell frivolem Austausch im Chat um, aus dem sie sich jederzeit per Mausklick wieder zurückziehen können. Nicht selten werden aus erotischem Fotoaustausch Videokonferenzen via Webcam bei *facebook*, bei denen es sich bei 20% der Jugendlichen um reine Online-Bekanntschaften handelt. Auch der Austausch von sexuellen Inhalten oder Fotos im Freundeskreis ist unter den Jugendlichen weit verbreitet. So sind beispielsweise beste Freundinnen in der Lage, sich vor der angesagten Party über *facebook* Fotos ihres Stylings, ihrer Unterwäsche, die extra neu gekauft wurde, oder über das neue (Intim-)Piercing zu schicken. Auch Jungen schicken sich untereinander Fotos oder laden sie bei *facebook* hoch, um die eigene Sportlichkeit oder Attraktivität in Szene zu setzen (vgl. Döring 2012, S. 12). Neben dem Austausch, Uploaden und Senden von erotischen Fotos an Freund, Freundin, Freunde oder als eigenes Profilbild finden sich freizügige „Ego-Bilder" sowohl von Mädchen als auch von Jungen in selbst eingerichteten Online-Fotoalben, die Namen tragen wie „Me, myself and I" oder „Ich". Abbildung 7 zeigt solch ein Ego-Bild. Reißmann meint, dass diese Profilbilder und Fotoalben wie virtuelle Laufstege oder „Set Cards" wie in der Modellbranche aufzufassen sind. Illustriert werden in Alben oft verschiedene Posen aus unterschiedlichen Blickwinkeln und in unterschiedlich ästhetischen Varianten (vgl. Reißmann 2010, S. 29). Eine andere fotografische Darstellung, wie in Abbildung 8 veranschaulicht, sind die sogenannten „Beziehungs-Bilder" von Bekanntschaften, Freunden und der Beziehungspartner. Meistens tragen diese Alben die Namen „Mein Schatz und ich", „Meine Besten" oder „Ich liebe sie/ihn". Primär sind diese Alben ein Ausdruck von Zusammengehörigkeit, Bindung und Intimität.

„Die Visualisierung von Sexualität zeigt nicht nur an, dass Ego eine Beziehung führt (und begehrt, verehrt, geliebt wird), sondern auch, dass Ego ‚vergeben‘ ist" (Reißmann 2010, S. 30).

Abbildung 7: *Ego-Bild*

Ego-Bild: Blickführung durch Vogelperspektive

(Quelle: merz – Zeitschrift für Medien + Erziehung 2010, S. 29)

Abbildung 8: *Beziehungs-Bild*

Beziehungs-Bild: Sexualität vor der Kamera

(Quelle: merz – Zeitschrift für Medien + Erziehung 2010, S. 30)

Online-Chats mit Cybersex in sozialen Online-Netzwerken münden öfter in reale sexuelle Beziehungen. In einer Hamburger Studie von 2002 wurden Menschen, unter anderem auch Jugendliche, über ihre Chat-Erfahrungen befragt. Tabelle 1 zeigt, dass sich User neben dem verbreiteten Austausch von Fotos und Telefonaten auch schon mal mit einem Chatpartner außerhalb des Web 2.0 getroffen haben. Knapp 25% der Befragten hatten auch ein sexuelles Erlebnis mit einer Chat-Bekanntschaft.

Tabelle 1: *Beziehungsvertiefung durch Medienwechsel (jemals gemachte Erfahrungen)**

Briefkontakte	29%
Telefonate	49%
Austausch von Fotos	58%
Treffen im „Real life"	47%
Freundschaft im „Real life"	28%
Sexuelle Beziehung im „Real life"	24%
Feste Liebesbeziehung im „Real life"	13%

*Nur Befragte mit Chat-Erfahrung

(Quelle: Dekker 2003, S. 295)

Folglich können aus anfänglichen unverbindlichen Flirts oder aus Cybersex Freundschaften oder sexuelle Beziehungen im „Real life" entstehen (vgl. Dannecker 2007, S. 294ff). Allerdings ist es, verglichen mit dem passiven Konsum von Online-Pornografie, eine deutlich kleinere Gruppe von aktiven jugendlichen Cybersex-Anwendern. Es ist individuell, wie Jugendliche Cybersex empfinden und wie bedeutsam dies für sie ist. Relevant ist vor allem, welche Beziehung die aktiven Jugendlichen zu ihrem Cybersex-Gegenüber haben (vgl. Döring 2008, S. 305).

Jugendliche gehen bewusst mit Cybersex um, hinterfragen sich und ihr Gegenüber. Der Chat gilt für Jugendliche als besonders zweckdienlich. Er wird beendet durch ein Telefonat, einen E-Mail-Kontakt oder letztlich durch ein Face-to-face-Treffen.

> *„Cybersex erscheint als nur ein mögliches gemeinsamen Erlebnis auf einem möglicherweise längeren gemeinsamen Weg"* (Dekker 2003, S. 291).

Beim Cyberchatten werden bestimmte Äußerungen auf Kongruenz und Plausibilität überprüft. Fallen Widersprüche auf, brechen Jugendliche den Kontakt zum Gegenüber meist ab. Gezielte Testfragen und das Aufdecken inhaltlicher Ungereimtheiten vermeiden den Einlass auf Fake-Profile oder Grenzverletzungen. Allerdings dient der Chatroom auch zum Austausch von Informationen, z.B. der Konfektionsgröße bei Mädchen oder sexueller Vorlieben (vgl. Dekker 2003, S. 291).

3.3 Probleme und Gefahren

Probleme entstehen bei den Jugendlichen teilweise durch das gefürchtete „Weiterleiten" der freizügigen Fotos, die entweder durch das Handy ins Internet gestellt oder am PC hochgeladen wurden. Ohne die Zustimmung der Jugendlichen, die dann bei *facebook* präsentiert werden, machen sich diejenigen strafbar, die diese Fotos hochgeladen haben. Rechtliche Konsequenzen sind auf der einen Seite für die jugendlichen Täter ein Risiko, auf der anderen Seite für die Opfer gleichzeitig ein möglicher Schutz (vgl. Döring 2012, S. 16). Das größte Problem beim Weiterleiten ist die Verletzung von Persönlichkeitsrechten. Zwei wichtige Tatbestände werden in Deutschland strafrechtlich verfolgt:

1. „Das Recht am eigenen Bild" § 22 KunstUrhG

2. „Verletzung des höchstpersönlichen Lebensbereiches durch Bildaufnahmen" § 201a StGB

Folglich ist das Erstellen, Versenden und Weiterleiten von Fotos fremder Personen verboten. Unbekannte Nutzer können z.B. bei *facebook* Fotos unkontrolliert hochladen und in anderen Zusammenhängen für andere Zwecke benutzen (vgl. Gapski/Gräßer 2010, S. 55). Fakeprofile oder fremde hochgeladene Fotos, die bei *facebook* hochgeladen wurden, werden allerdings auch von Mitarbeitern von *facebook*, sofern diese Fotos gemeldet wurden, systematisch ermittelt, User werden angeschrieben, blockiert oder sogar gelöscht (vgl. Gapski/Gräßer 2010, S. 13). Jugendliche Opfer haben demnach das Recht, sich zu wehren, insbesondere auch dann, wenn etwas als Ankündigung einer Straftat verstanden werden kann, z.B. durch die Androhung, ein Fotos oder ein Video hochzuladen. Das Problem ist allerdings dabei, dass minderjährige Jugendliche nur über ihre Eltern einen Antrag auf Nachverfolgung einer mutmaßlichen Straftat stellen dürfen. Für viele Jugendliche bedeutet es eine große Überwindung auch in Bezug auf die Schädigung ihres Rufes, sowohl in der eigenen Familie als auch in der Peergroup bzw. Schulklasse. Aus Angst vor Negativreaktionen wagen es viele Jugendliche nicht, Hilfe in Anspruch zu nehmen (vgl. Döring 2012, S. 16f). Außerdem müssen Minderjährige als Strafe lediglich Sozialstunden ableisten, was in den Augen der geschädigten Jugendlichen eine sehr milde Bestrafung ist und auch den von ihnen erlittenen Rufmord nicht wieder gutmacht.

Die größte Gefahr, die Jugendliche im Sexting sehen, ist folglich das Weiterleiten ihrer erotischen Fotos an Dritte. Sobald freizügige Fotos in der Peergroup, im Bekanntenkreis oder in der Familie zirkulieren, resultiert das fast immer in Spott, Hohn, Beschämung, Beschimpfung bis hin zu Mobbing innerhalb der Peergroup oder der Schulklasse, über das dann weiter in Online-Foren diskutiert wird. Döring meint, dass neben dem Motiv der Rache an bestimmten Personen auch das Geltungsbedürfnis eine große Rolle spielt. Typischerweise werden gerade dann Bilder weitergeleitet, wenn im sozialen Umfeld Konflikte, Streits, Konkurrenzen und Trennungen anliegen. Das Weiterleiten und Verbreiten von privaten Fotos geht nicht von ein oder zwei Personen aus. Meistens sind daran viele Personen beteiligt. Die Peergroup oder die gesamte Schulklasse macht sich somit nach deutschem Recht strafbar. Deutlich wird auch, dass hauptsächlich Mädchen von diesem Phänomen betroffen sind. Mädchen präsentieren sich sexuell sehr attraktiv auf Bildern, gleichzeitig wird von ihnen jedoch eine Art von weiblicher Zurückhaltung erwartet. Das Veröffentlichen dieser ohne Zustimmung der Betroffenen hochgeladener Fotos führt unabwendbar zu sozialer Stigmatisierung und Ausgrenzung der Betroffenen (vgl. Döring 2012, S. 13). Nicht der Bildinhalt ist für Jugendliche so skandalös, sondern vielmehr die reine Existenz solcher Bilder, die in die Öffentlichkeit geraten sind sowie der dadurch ausgelöste Reputationsverlust der Mädchen. Döring meint dazu, dass allein das aktive sexuelle Handeln von Mädchen, das auf solchen Bildern sichtbar wird, eine geschlechtsspezifische soziale und sexuelle Normverletzung ist (vgl. Döring, S. 14). Solche Schuldzuweisungen an die Opfer verhindern das Mitgefühl bei den Mitschülern oder den Jugendlichen in der Peergroup. Die eigene Beteiligung an Lästereien und das wiederholte Weiterleiten der Fotos wird dadurch legitimiert (vgl. Grimm et al. 2010, S. 202ff).

Das Resultat ist eine sexuelle Doppelmoral bei der sozialen Verurteilung von Mädchen auch durch die Jungen. Ein privates erotisches Foto eines Jungen, veröffentlicht in der Peergroup, wird nicht kompromittiert – allerhöchstens wird sich kurz darüber lustig gemacht. Wichtig ist festzuhalten, dass Mädchen, die freizügige Fotos von sich produzieren, als sich selbst zum Sexobjekt degradierende Opfer betrachtet und zur Abstinenz aufgefordert werden können (vgl. Döring 2012, S. 16).

In Bezug auf die Kommunikationsebene beim Chatten meint Döring hingegen, dass es dort keine solch alarmierenden Probleme oder Gefahren gibt. Menschen können kreative Gefühle beim Chatten ausdrücken, Beziehungen realisieren sowie soziale Fertigkeiten entwickeln und für sich kultivieren. Kommunikationsstörungen seien nur dann gegeben, wenn

1. *„Personen die netzspezifischen Ausdrucksmittel nicht beherrschen (Kompetenz),*

2. *sie sich nicht die Mühe machen, sie einzusetzen und auf verbalem Wege ausführliche Erklärungen abzugeben (Motivation),*

3. *sie durch soziale Normen (z.B. Zwang zur Sachlichkeit) davon abgehalten werden, netzspezifische expressive Aussagen oder Gesten zu verwenden,*

4. *nicht genügend Zeit zur Verfügung steht, um eine lebendige Kommunikationssphäre auf der Basis getippter Botschaften entstehen zu lassen"* (Döring 2003, S. 163).

Cybersex ist mit drei möglichen Risiken verbunden (vgl. Döring 2008, S. 306):

1. Beim Vorliegen besonderer psychischer Belastungen und Prädispositionen kann es zu einer suchtähnlichen bzw. zwanghaften Extremnutzung kommen.

2. Wird Cybersex mit Dritten, außerhalb partnerschaftlich gebundenen Paaren praktiziert, so kann der nichtwissende Partner dies als Fremdgehen verstehen, und es kann zu Beziehungskrisen führen oder vorhandene Beziehungsprobleme verschärfen.

3. Gerade bei Jugendlichen, die in ihrem Entwicklungsfeld noch nicht gänzlich ausgerüstet sind, was psychische Stabilität, sexuelle Orientierung und Durchsetzungsvermögen angeht, wird bei der Anbahnung von Cybersex nicht immer die Einvernehmlichkeit sichergestellt. Somit könnte es zur sexuellen Cybersexbelästigung kommen.

4. Grundlagen der gegenwärtigen Sexualpädagogik

4.1 Institutionenübergreifende Grundlagen der Sexualpädagogik

In Deutschland wird gegenwärtig zwischen Sexualaufklärung, Sexualerziehung und Sexualpädagogik differenziert, und aktuell wurde durch Karlheinz Valtl der moderne Begriff der Sexuellen Bildung eingeführt:

> *„Sexuelle Bildung meint die über präventive Kompetenzen hinausgehende und durch lernfördernde Impulse gestützte Selbstformung der sexuellen Identität einer Person mit dem Ziel ihrer individuell befriedigenden und sozialverträglichen Entfaltung auf allen Persönlichkeitsebenen und in allen Lebensaltern"* (Sielert 2013, S. 41).

Die Sexualpädagogik formt sich demnach aus einer Teildisziplin der Pädagogik, die sich sowohl auf die sexuelle Sozialisation als auch eine zielgerichtete erzieherische Einflussnahme auf die Sexualität von Menschen richtet (vgl. Sielert 2013, S. 41). Die Themen der Sexualpädagogik beschränken sich nicht wie früher auf reine Körperfunktionen und das Fortpflanzungsgeschehen. Die Sozialpädagogik als wesentliches Basisthema der menschlichen Persönlichkeit umfasst vielmehr sowohl Fruchtbarkeits- als auch Lust-, Identitäts- und Beziehungsaspekte. Des Weiteren sind tiefergehend Ethik, Moral und Wertorientierung als Bereiche der sexuellen Identität in der Sexualpädagogik von großer Bedeutung. Zu einer der wichtigsten Reflexionen gehört allerdings das *Sprechen über Sexuelles,* sodass Sexualität und Sprache ein wesentliches und zentrales Thema der Sexualpädagogik ist. Das Geschlecht ist *fortwährend* Zentrum sexueller Identität, deshalb geht es stets um die Wahrnehmung und Veränderung von *Geschlechtssozialisation* sowie um *sexuelle Orientierung,* die sich aus der sexuellen Identität heraus ergibt. Genauso beachtlich sind die Themen *Sexualität und Behinderung* und *Sexualität im Alter,* die immer bedeutsamer werden, allerdings immer noch keine hinreichende Anerkennung bekommen (vgl. Sielert 2013, S. 46f).

Die gegenwärtige Sexualpädagogik versteht sich als Formung und zunehmend als Selbstformung der Person durch aktive Weltaneignung. Dies bedeutet, dass das Individuum (Subjekt) sich die Inhalte der Welt (Objekt) selbst aneignet, während Pädagogen diesen Prozess nur begleiten. Somit ergreift die gegenwärtige Sexualpädagogik mit ihrem neuen Begriff der *Sexuellen Bildung* Partei für die Lernenden und fördert selbstbestimmte Lernformen und Autonomie (vgl. Sielert 2013, S. 128).

> *„So zeigt sich z.B. in der neueren Sexualforschung, dass Kinder und Jugendliche heute zunehmend als eigenständige Subjekte ihrer sexuellen Entwicklung erscheinen. Sie suchen aktiv nach sexuellen und Beziehungserfahrungen, die ihre Entwicklung voranbringen, sie verarbeiten ihre Eindrücke mit einigermaßen robuster Frustrationstoleranz, sie ziehen daraus persönliche Konsequenzen für ihr weiteres Beziehungs- und Sexualleben und sie gestalten so reflexiv und kreativ ihre sexuelle Identität. In ebendieser aktiv handelnden Haltung gehen sie auch an die Angebote der Sexualpädagogik heran"* (Sielert 2013, S. 128).

Die World Health Organization (WHO) hat 2011 in Zusammenarbeit mit der Bundeszentrale für gesundheitliche Aufklärung (BZgA) neue Standards für Europa zusammengefasst, aus denen deutlich hervorgeht, dass schulische sowie außerschulische Sexualpädagogik vonnöten ist, da die Kinder und Jugendlichen vor einer Vielzahl von sozialen, kulturellen und religiösen Faktoren, die die sexuelle Entwicklung beeinflussen, umgeben sind. Neue Entwicklungen verlangen nach neuen Strategien, die den Jugendlichen einen sicheren und befriedigenden Umgang mit ihrer Sexualität und mit der anderer Menschen ermöglichen. Nur durch schulische Sexualpädagogik lässt sich die menschliche Sexualität nicht „formen", und es würden hauptsächlich Probleme – wie beispielsweise ungewollte Schwangerschaften und sexuell übertragbare Krankheiten und die Möglichkeit ihrer Vermeidung – fokussiert und behandelt (vgl. BZgA & WHO 2011, S. 8).

Wie bereits in der Einleitung erwähnt sind die Empfehlungen der International Planned Parenthood Federation (IPPF) für die Sexualpädagogik, dass die emotionalen, sozialen, körperlichen und biologischen Aspekte von Sexualität in allen Lebenswelten von Jugendlichen zu berücksichtigen (pro familia 2007). Zudem ist für die gegenwärtige Sexualpädagogik der Ausdruck „entwicklungsgerecht" von großer Bedeutung. Kinder und Jugendliche entwickeln sich unterschiedlich schnell, deshalb konzentriert sich die moderne Sexualpädagogik auf eine stufenweise Erarbeitung der entwicklungsgerechten Themen, die je nach Alter oder Entwicklungsphase ansprechend und relevant für die betroffenen Jugendlichen sind. Die gegenwärtige Sexualpädagogik besteht deshalb nicht nur aus der schulischen Sexualaufklärung, sondern plädiert für ein eigenständiges Unterrichtsfach, z.B. durch Besuche bei anderen Institutionen wie pro familia. Zum jetzigen Zeitpunkt wird sie jedoch noch vornehmlich in andere Unterrichtsfächer in der Schule integriert (BZgA & WHO 2011, S. 14).

4.2 Familiale Sexualpädagogik

Eltern und Familie haben einen starken Zugang zur emotionalen Innenwelt ihres KindeS. Dies bedeutet, dass sie in der Regel recht gut über das Wohlbefinden ihres Kindes Bescheid wissen. Aus diesem Grund hat das Ministerium für

Schule und Weiterbildung, Wissenschaft und Forschung des Landes Nordrhein-Westfalen die Sexualaufklärung als Aufgabe des Elternhauses als festen Bestandteil der Sexualpädagogik mit einbezogen:

„Die Sexualaufklärung gehört zum Erziehungsauftrag der Schule. Sie erfolgt fächerübergreifend und ergänzt die Sexualerziehung durch die Eltern. Ihr Ziel ist es die Schüler altersgemäß mit den biologischen, ethischen, sozialen und kulturellen Fragen der Sexualität vertraut zu machen. Sie soll die Schüler zu verantwortungsbewussten, eigenverantwortlichen und sittlich begründeten Entscheidungen, insbesondere in Ehe und Familie, und zur Toleranz gegenüber anderen Lebensweisen befähigen. Die Erziehungsberechtigten sind über Ziel, Inhalt und Methoden der Sexualerziehung rechtzeitig zu unterrichten" (Schulordnungsgesetz §1 Absatz 5, 1999).

Abbildung 9: *Jugendliche – Wichtigste Personen bei der Aufklärung über sexuelle Dinge*

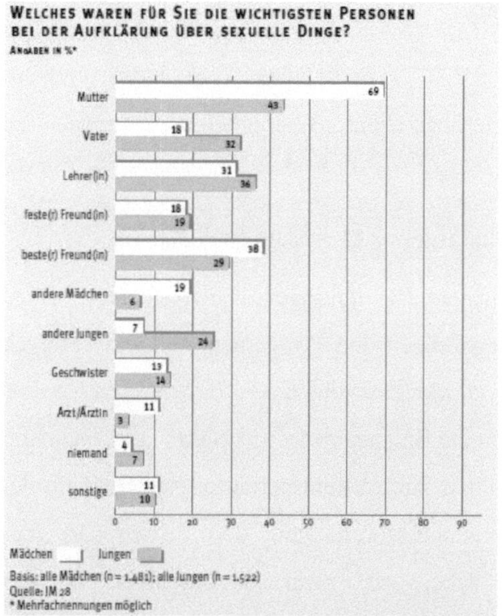

(Quelle: Kluge & Schmid-Tannwald 2003, S. 60)

In einer Studie der BZgA 2003, siehe Abbildung 9, wird deutlich, dass die Eltern zunächst noch immer die wichtigsten Bezugspersonen für die Jugendlichen hinsichtlich der sexuellen Aufklärung sind. Folglich ist die Familie eine wichtige Instanz in der Lebenswelt Jugendlicher und demnach auch für die sexuelle Entwicklung nicht nur Halt-, sondern auch Ratgeber.

Im Rahmen der familialen Sexualpädagogik sollten

- biologische Themen, wie beispielsweise die Menstruation, Ejakulation, das erste Mal, körperliche Veränderungen, Empfängnisverhütung,

- soziale Themen, wie beispielsweise Trennung, Scheidung, Vereinbarkeit von Familie und Beruf,

- ethische Themen, wie z.B. Achtsamkeit gegenüber dem Beziehungs- bzw. Sexualpartner, Treue, Schutz des Partners vor Geschlechtskrankheiten, Monogamie, Polygamie sowie

- kulturelle Themen, wie z.B. vorehelicher Geschlechtsverkehr, Wiedererlangung des Jungfernhäutchens, Wiederheirat, Zwangsheirat, Familienehre,

besprochen werden (vgl. Schulordnungsgesetz §1 Absatz 5, 1999).

Aufgrund dessen sollte die Familie ein für die Jugendlichen sicheres Milieu darstellen, in dem sie bei sexuellen Fragen und Problemen Zuflucht erlangen können und sie nicht bloßgestellt und schutzlos fühlen oder diskreditiert werden. Höhn meint, dass es notwendig ist, eine Balance zwischen Nähe und Distanz im Zusammenleben von Jugendlichen und ihren Eltern herzustellen. Innerhalb der Familie kommt es oft zu Grenzüberschreitungen der Privatsphäre der Jugendlichen. Höhn ermutigt daher zu mehr Gelassenheit in der Sexualerziehung. Sie ist der Auffassung, dass Eltern nicht immer alles wissen und sehen müssen, zum Beispiel, in welchen sexuellen Gebieten der Jugendliche gerade exploriert.

> *„Das entscheidende Stichwort heißt hier ‚gegenseitige Achtung'. Konkret bedeutet das: Ich dränge mich nicht in die Intimsphäre der Jugendlichen hinein, weder um sie zu stören, noch um sie ‚wohlmeinend zu fördern'. Die gegenseitige Achtung schließt auch die Diskretion und den Respekt gegenüber dem Intimleben der jungen Leute ein"* (Höhn/Höhn 1997, S. 107).

Wichtig ist, dass Eltern sich mit der sexuellen Entwicklung ihres Kindes vertraut machen und sich informieren. Wenn sie sich damit auseinandersetzen und den Jugendlichen entwicklungsgerecht verstehen, können sie folglich auch gelassener mit den Veränderungen und Problemen innerhalb dieser schwierigen

Jugendphase umgehen. Für Jugendliche ist es primär wichtig, dass ihre Eltern präsent sind, wenn sie sie brauchen. Höhn empfiehlt Eltern, außer sich sachkundig zu machen,

- sich selber zu ihrer Sexualität zu reflektieren,

- den Jugendlichen Gesprächsangebote zu machen,

- auf Warnungen, Drohungen und besserwisserische Ratschläge zu verzichten und

- immer authentisch zu sein (vgl. Höhn/Höhn 1997, S. 107ff).

Letztlich sind Eltern am Anfang der Erziehung für die Kinder und Jugendlichen Vorbilder, und ihre Sexualerziehung ist insbesondere eine Wertevermittlung. Abgelöst werden die Eltern durch die Institution Schule sowie durch die Peergroup. Denn eine der bedeutungsvollsten Richtlinien zur Sexualerziehung besagt, dass die Ablösung und die emotionale Unabhängigkeit der Eltern in der Tat mit die wichtigsten Entwicklungsaufgaben des Jugendalters sind.

„Die bisher wichtigste Sicherheit im Leben der Heranwachsenden greift nicht mehr, die Beziehung zu den Eltern bleibt zwar wichtig, aber sie kann nicht mehr der zentrale Halt im Leben sein, den müssen sich die Jugendlichen nun selbst geben" (Borg-Laufs 2013, S. 108).

4.3 Staatliche Sexualpädagogik

4.3.1 Schulische Sexualpädagogik

Zu der familialen Sexualpädagogik tritt anschließend die schulische, die in Deutschland – beruhend auf Empfehlungen und Richtlinien der Kultusministerkonferenz (KMK) – zum festen Bestandteil des Schulunterrichts Jugendlicher gehört (Hilgers/Krenzer/Mundhenke 2004, S. 9f). Sexualpädagogische Forschungsergebnisse bestätigen, dass es notwendig ist, sehr früh mit sexualpädagogischer Erziehung zu beginnen, da Sexualität eine bis ins hohe Alter bedeutende Lebensäußerung darstellt. Fünf Aspekte werden in der schulischen Sexualpädagogik differenziert und für den Unterricht nahegelegt (vgl. Hilgers/Krenzer/Mundhenke 2004, S. 23):

1. Fruchtbarkeitsaspekt:

   Vermittlung biologischer Fakten, des Körpers, der Empfängnis- und Zeugungsverhütung.

2. Beziehungsaspekt:

   die Vermittlung der Fähigkeit, kompetent über Liebe und Partnerschaft sprechen zu können.

3. Lustaspekt:

   thematisiert partnerbezogene Sexualität, aber auch die Lust am eigenen Körper im Sinne von Selbstbefriedigung.

4. Identitätsaspekt:

   Sexualität im Sinne von identitätsstabilisierender, zwischenmenschlicher Begegnung, welche Geborgenheit, Verständnis und Selbstbestätigung ermöglicht.

5. Kommunikationsaspekt:

   umfasst die nonverbale sowie die sprachliche Ebene, damit Facetten wie Begehren, Wünsche oder Probleme angemessen mitgeteilt werden können. Ziel schulischer Sexualpädagogik ist es daher, eine angemessene Sprache über Liebe und Sexualität zu vermitteln.

Die schulische Sexualpädagogik soll des Weiteren fächerübergreifend gestaltet werden. Nur so kann der Komplexität der Lebenswirklichkeit Jugendlicher entsprochen werden, und folglich können verschiedene Zugangsweisen in Abhängigkeit von Lernsituationen und Problemstellungen genutzt werden. Empfohlen werden geschlechtshomogene Gruppen, da es große Unterschiede in der individuellen Entwicklung gibt, außerdem kulturelle und religiöse Aspekte in Betracht gezogen werden müssen (vgl. Hilgers/Krenzer/Mundhenke 2004, S.

202), obwohl viele Sexualpädagogen ansonsten Koedukation im sexualpädagogischen Unterricht fordern. Uwe Sielert beispielsweise meint, dass durch Koedukation für Mädchen gleiche Bildungschancen geschaffen werden.

„Gleichzeitig sollte die gemeinsame Erziehung das Ideal einer gleichberechtigten Partnerschaft von Mann und Frau erzieherisch vorbereiten" (Sielert 2005, S. 70).

Daher empfiehlt das Ministerium für Schule und Weiterbildung, Wissenschaft und Forschung des Landes Nordrhein-Westfalen, den sexualpädagogischen Unterricht alters-, entwicklungs- und behindertengerecht zu gestalten, indem auch geschlechtshomogene Gruppeneinteilungen erfolgen können – sofern es die Thematik in den Augen des Pädagogen erfordert (Ministerium für Schule und Weiterbildung, Wissenschaft und Forschung Nordrhein Westfalen 1999, S. 19). Koedukation soll darüber hinaus dazu beitragen, dass geschlechtsstereotypische Zuweisungen aufgelöst werden, um alle Kompetenzen und Kenntnisse sowohl bei Mädchen als auch bei Jungen herauszubilden und zu fördern. Individuelle Unterschiede sollten ohne jegliche Benachteiligung im Unterricht gelebt werden können. Koedukation soll nur dann aufgehoben werden, wenn es um geschlechtsspezifische Themen wie beispielsweise die Monatshygiene geht (vgl. Hilger/Kreuzer, Mundhenke 2004, S. 224).

Festzuhalten ist, dass sich die inhaltlichen und normativen Richtlinien der schulischen Sexualpädagogik auch in ihren methodischen Konzepten widerspiegeln. Die Methoden der eher kognitiv ausgelegten Lehrpläne drängen die Jugendlichen mit rein sachkundigem Wissen in eine eher passive Schülerrolle. Hopf schlägt vor, dass die Institution Schule sich heute als Lebensraum neu definiert. Lehrkräfte und Pädagogen sollen den Jugendlichen auch sozio-kulturelle Orientierung geben und sich gleichzeitig ins Bewusstsein rufen, dass sie selbst eine Vorbildfunktion haben.

„Wünschenswert ist dafür ein Schulleben bzw. ein Schulklima, in dem Mädchen und Jungen erleben, dass Sexualität zum individuellen und gemeinschaftlichen Leben gehört und offen besprochen werden kann. Wenn Sexualerziehung Mädchen und Jungen im Hinblick auf Sexualität befähigen will, kann sie sich nicht auf Wissensvermittlung (‚Sexualität') beschränken" (Hopf 2008, S. 13).

4.4 Kirchliche Sexualpädagogik

Eine christlich-religiöse Grund- und Wertorientierung in der Sexualpädagogik pflegen insbesondere die Bundesländer Bayern, Baden-Württemberg, Hessen und Rheinland-Pfalz. Schüler werden dort nach Grundsätzen christlicher Bekenntnisse unterrichtet. Folglich liegen in den Richtlinien der Sexualpädagogik die Schwerpunkte auf der Bedeutung einer sittlichen und religiösen Grundhaltung bei der Reifung der Jugendlichen und im Hinblick auf partnerschaftliches Verhalten. So wird vermehrt auf den Wert der christlichen Ehe hingewiesen oder darauf, dass die christliche Ehe dazu beitragen kann, mögliche Krisen, die in einer Beziehung entstehen, besser bewältigen zu können. In Hessen wird beispielsweise der religiös-ethische Bezug als grundlegend für die Sexualität definiert, da diese zur menschlichen „Geschöpflichkeit" gehöre. Treue und Hingabebereitschaft in der Partnerschaft wird als Paradigma der christlichen Sexualerziehung verstanden. Diese Position steht jedoch im Widerspruch zum Toleranzgebot des Bundesverwaltungsgerichtes, welches Offenheit für Wertvorstellungen Jugendlicher vorsieht und Rücksichtnahme auf religiöse Weltanschauungen oder Einstellungen der Eltern Wert legt (vgl. Hilgers/Krenzer/Mundhenke 2004, S. 90).

Formen des Sexualverhaltens wie die „Problematik der Homosexualität" und die „Problematik der Prostitution" werden in Bayern, Baden-Württemberg und in

Rheinland-Pfalz zwar als „sozial tolerierbar" bewertet. Sie werden jedoch weder thematisiert noch als außerordentlich bewertet. Vornehmlich werden diese Themen im Religionsunterricht behandelt (vgl. Hilgers/Krenzer/Mundhenke 2004,S. 48).

Drei Merkmale prägen die kirchliche Sexualpädagogik (Leimgruber 2011, S. 26):

1. Christliches Menschenbild

   Orientierung des Menschen am Ebenbild GotteS. Die geschlechtliche Grundhaltung des Menschen ist in seiner Schöpfung genauso mitgegeben wie die Orientierung des Menschen in Bezug auf Beziehung und Partnerschaft.

2. Humanisierung des menschlichen Umgangs

   Sexualpädagogik im Sinne von Förderung tiefer Wertschätzung einer jeden Person. Abgelehnt wird jegliche Form der Gewalt, insbesondere gegenüber Kindern und Jugendlichen, aber auch im Umgang der erwachsenen Menschen miteinander.

3. Christliche Motivation

   Die christliche Sexualpädagogik möchte Menschen darin unterstützen, ein gelingendes Leben und optimale Beziehungen zu führen. Sie ist jedoch nicht ausschließlich auf ein diesseitiges Leben ausgerichtet:

„Wie die zölibatäre Lebensform um des ‚Himmelreiches willen' (Mt 19,12) motiviert ist, so soll sich auch das Bemühen um Freundschaft und Partnerschaft, Ehe und Familie darüber bewusst bleiben, dass die Ewigkeit in dieses Leben hineinragt und es prägt" (Leimgruber 2011, S. 26).

5. Sexualpädagogik im Zeitalter des Web 2.0

5.1 Erziehung zur Kompetenz im Umgang mit Sozialen Netzwerken

Jugendliche sind bei ihrer Identitätsfindung und -entwicklung und der damit verbundenen Bewältigung ihrer Entwicklungsaufgaben herausgefordert, sich sowohl in der Alltagsbewältigung als auch in ihrem alltäglichem Leben durch Positionierung und Verankerung ein Bewusstsein für ein eigenes Selbst zu schaffen und neu zu gestalten. Dies findet auch mithilfe der Medien statt. Hasebrink meint, dass es eine der Voraussetzungen für einen erfolgreichen Aufbau einer eigenen Identität sein muss, sich mit Sach-, Sozial- und auch Selbstauseinandersetzung zu beschäftigen. Dies sei notwendig, damit Jugendliche ihre Position als *Selbst* in der Auseinandersetzung mit anderen ausfüllen und dort möglichst kohärent bleiben können. Gerade durch die Möglichkeiten, die das Web 2.0 bietet, erschafft es zusätzliche Spielräume für Jugendliche, ihr Selbst zu erforschen und auszuprobieren. Das Experimentieren mit der eigenen Identität im Web 2.0 schafft geradewegs eine Auseinandersetzung mit der eigenen Identität als auch mit der des Anderen, um unter Umständen auch andere oder neue Wege gehen zu können, die den Jugendlichen erlauben, Erfahrungen zu machen, welches Bild sie im Moment von sich selbst haben und welches sie Anderen vermitteln. Hasebrink betont, dass Menschen ausschließlich über wahrgenommenen Reaktionen anderer zur Selbstwahrnehmung gelangen. Von besonderer Bedeutung sind für ihn drei unterschiedliche Selbstkonzepte des Menschen—(vgl. Schmidt/Paus-Hasebrink/Hasebrink 2011, S. 24ff):

1. Das aktuelle Selbstkonzept (extant self)

   Die Einschätzung des eigenen Körpers in der Adoleszenz, welche wesentlich ist für die gesamte Selbsteinschätzung eines Menschen

2. Das erwünschte Selbstkonzept (desired self)

   Die Weise, wie sich jemand gerne selbst sehen würde

3. Das darstellende Selbstkonzept (presenting self)

   Die Selbstdarstellung gegenüber anderen

In ihrer Lebenswelt greifen die Jugendlichen für ihre Identitätserprobung auch auf das Web 2.0, insbesondere *facebook*, zurück, das ihnen eine gelingende Selbst-, Sozial- und Sachauseinandersetzung bietet. Diese Erprobung und Erforschung der Identitäten ist sehr komplex und bedarf einer sorgfältigen Achtsamkeit, denn

„Jugendliche pflegen in Abhängigkeit von ihren jeweiligen sozial-ökologischen Bedingungen, in denen sie aufwachsen, einen weniger formal-kognitiv geprägten, dafür stärker ästhetisch-erlebnisorientierten Stil des Umgangs mit und des Zugangs zu den vielfältigen Foren ihrer symbolischen wie realen Alltagswelten" (Schmidt/Paus-Hasebrink/Hasebrink 2011, S. 26).

Hasebrink empfiehlt, die drei Selbstkonzepte in jeweils adäquaten Managementformen zu implementieren, damit wahrgenommene Reflexionsprozesse veränderbar und kultivierbar sind. Für das Web 2.0 gibt es drei Managementformen (vgl. Schmidt/Paus-Hasebrink/Hasebrink 2011, S. 26):

1. Identitätsmanagement

   Im Sinne des alltäglichen Zugriffs der Darstellung der eigenen Person in Form von Selbstinszenierung auf der eigenen Profilseite durch Hochladen eigener Fotos oder Videos

2. Beziehungsmanagement

   Im Sinne von Pflege und Aufbau von alten oder neuen Beziehungen, insbesondere durch Kommunikation, Verlinken und Markieren von neuen Bekanntschaften oder durch die Bestätigung einer neuen Freundschaftsanfrage

3. Informationsmanagement

Bezieht sich auf das Filtern, Selektieren und Kanalisieren von Informationen jeglicher Art

Schmidt betont, dass das Beziehungsmanagement allerdings auch dem Zweck dient, Informationsmanagement effizienter zu nutzen. Explizite Relationen werden als „Information relationships" aufgebaut, um damit das Bedürfnis nach Informationen zufriedenzustellen und nicht, um persönliche Beziehungen aufzubauen (vgl. Schmidt 2009, S.103). Diese Handlungskomponenten geben für die Identitätsentwicklung von Jugendlichen den Prozess der Selbst-, Sozial- und Sachauseinandersetzung wieder. Es werden virtuelle Räume zur Selbstpräsentation geschaffen, und zwar durch spielerisches Ausprobieren verschiedener Möglichkeiten von Identitäten. Die Managementformen unterstützen und fördern zugleich die nachstehenden Prozesse (vgl. Schmidt/Paus-Hasebrink/Hasebrink 2011, S. 27):

1. Die Selbstauseinandersetzung

   Erfahrungen mit eigenen Wünschen, Hoffnungen, Vorstellungen, Gegenwarts- und Zukunftsbildern zum eigenen aktuellen Selbst, oder auch die verschiedenen Optionen der Selbstinszenierung und Selbstpräsentation

2. Die Sozialauseinandersetzung

   Pflege und Aufbau von Kontakten, Freundschaften oder auch sexuellen Beziehungen

3. Die Sachauseinandersetzung

   Pflege und Aufbau realer Repräsentationen und Präsentationen. Dazu gehören auch die Organisation und Reflexion von Weltwissen und die damit verbundenen Erfahrungen mit ebendiesem

Tabelle 2 veranschaulicht die Korrespondenz von Entwicklungsaufgaben und Handlungskomponenten im Social Web.

Tabelle 2: *Korrespondenz von Entwicklungsaufgaben und Handlungskomponenten im Social Web*

Entwicklungsaufgabe	Kernfrage	Handlungskomponente
Selbstauseinandersetzung	Wer bin ich?	Identitätsmanagement
Sozialauseinandersetzung	Welche Position habe ich in meinem sozialen Netzwerk?	Beziehungsmanagement
Sachauseinandersetzung	Wie orientiere ich mich in der Welt?	Informationsmanagement

(Quelle: Schmidt/Paus-Hasebrink/Hasebrink 2011, S. 27)

Durch diese Prozesse, individuellen Strategien und sozialen Konventionen innerhalb des sozialen Online-Netzwerkes navigieren sich Jugendliche durch ein virtuelles Gelände von Identitätsentwicklungen. Durch die zahlreichen Rückkopplungskanäle und Auseinandersetzungsprozesse lernen die Jugendlichen schnell, wie ein soziales Netzwerk funktioniert, und vor allem, was sozial legitimiert ist. Jugendliche erstellen ein adäquates Profil im sozialen Online-Netzwerk und entwickeln es weiter, finden und erfinden Gruppen, laden Fotos und Videos hoch (vgl. Gapski & Gräßer 2009, S. 29f). Das Web 2.0 bietet beispielsweise in Form von *facebook* optimale symbolische als auch reale „Spiel-Räume" für Jugendliche (vgl. Schmidt/Paus-Hasebrink/Hasebrink 2011, S. 26). Tabelle 3 zeigt die konkreten Möglichkeiten, die *facebook* bietet.

Tabelle 3: *Symbolische und reale Spiel-Räume bei facebook zur Entwicklung der drei Selbstkonzepte hinsichtlich der drei Handlungskomponenten*

Web 2.0	Aktuelles Selbstkonzept (extant self)	Erwünschtes Selbstkonzept (desired self)	Darstellendes Selbstkonzept (presenting self)
Identitäts-manage-ment	1. Profil 2. Fotos 3. Statusmeldung	1. Fotoalben 2. (erotische) Fotos	1. Fotoalben 2. Profilbilder 3. Blogs 4. Gruppen
Beziehungs-management	1. Fotoalben 2. Chats 3. Gruppen	1. Fotoalben 2. Gruppen	1. Fotoalben 2. Statusmeldung 3. Beziehungsstatus im Profil
Informationsmanagement	1. Stöbern in den Profilen der anderen 2. Chat 3. Statusmeldungen der Anderen	1. Steht XY auf mich? 2. Interessen von XY? 3. Profile der Anderen 4. Chat 5. „Seiten" abonnieren	1. Statusmeldungen 2. Gruppen 3. Blogs 4. Eigenes Profil im Sinne von PR

Identität ist eine alltäglich diskursive, narrative Konstruktionsleistung. Jugendliche bearbeiten eigene Identitätserfahrungen mit ihrer Vorstellung von optimalen Identitätsentwicklungsentwürfen (vgl. Tillmann 2006, S. 35). Deswegen erscheint es sinnvoller,

> *„Jugendlichen die Funktionsweisen der Netzwerke, die jeweils der intuitiven Nutzung und einem zu respektierenden privaten Raum liegen, vor Augen zu führen. Dazu zählen das Speichervermögen solcher Architekturen (kein Eintrag, kein Foto wird im Netz vergessen) und das umfassende Wissen der Netzwerkbetreiber, das aus Logins, Datenangaben und Klickverhalten resultiert. Zudem gilt es, das Bewusstsein für verschiedene Öffentlichkeiten bei den Jugendlichen zu schärfen"* (Gapski & Gräßer 2009, S, 30).

Nach Marcia (1966) ist eine „erarbeitete Identität" eine notwendige Bedingung dafür, dass ein Mensch gesellschaftlich bestmöglich handlungsfähig wird. Diese Handlungsfähigkeit fördert Jugendliche, sozial wichtige Abläufe zu erkennen und zu initialisieren, Wissensbausteine zu erlangen und Erfahrungen zu machen und auf diese Abläufe und dieses Wissensvermögen gestaltend Einfluss nehmen können (vgl. Süss 2004, S. 283). Wenn Nutzungsrisiken kontrolliert werden, können soziale Online-Netzwerke als Ressourcen genutzt werden. Je älter die Jugendlichen werden, desto mehr sollte die Fremdkontrolle durch Selbstkontrolle ersetzt werden. Es gilt, drei relevante Spannungsverhältnisse in der Medienkompetenzerziehung zu unterscheiden (vgl. Süss 2004, S. 284ff):

> *1. Verfügen und verfügbar sein*
>
> Im Sinne des Verfügens über Medien in sozialen Online-Netzwerken sind entsprechende Apps (z.B *facebook Messenger*) im Smartphone für Jugendlichen ein soziales Signal, das Status verleiht, vor allem in der Peergroup. Die Kehrseite des Verfügens ist das Verfügbarsein. Hier sollte es die Aufgabe der Eltern und Pädagogen sein, dass sich die Jugendlichen abgrenzen

und lernen können, selbst darüber zu entscheiden, wann sie verfügbar sind und wann nicht.

2. *Mobil und vernetzt sein*

Ein kompetenter Umgang mit den Möglichkeiten der Mobilität in sozialen Online-Netzwerken, beispielsweise durch Smartphones, beinhaltet ein bewusstes Entscheidungsspiel zwischen Mobilität und Umgebungsgebundenheit. Jugendliche haben die Wahl, sich mit Freunden draußen zu treffen oder zu Hause am PC zu sitzen und zu chatten. Die optimale Verknüpfung wäre es, wenn sich die Jugendlichen in ihren individuellen Potenzialen entfalten und zugleich adäquat mit den Rollenerwartungen der Peergroup umgehen könnten.

3. *Anteil nehmen und Impulse geben*

Gerade Jugendliche wollen sich vom Mainstream abgrenzen und ihre Identität herausbilden, kultivieren und weiterentwickeln. So sollten sie selbst Erfahrungen sammeln mit Medienbotschaften, beispielsweise eigene Blogs, erzeugen und ihre „Stimme" oder „Handschrift" öffentlich bemerkbar machen. Der Jugendliche wird sowohl als Rezipient wie auch als Produzent sowohl kritischer Konsument als auch aktiver Kommunikator.

Jugendliche florieren zu Prosumenten, die situativ als auch adaptiv sowohl klassische als auch moderne „Werkzeuge" in der Medienwelt benutzen. Der vermehrte Umgang mit sozialen Online-Netzwerken wird mehr und mehr zu einer regelrechten Kulturtechnik (vgl. Filk & Schauer 2013, S. 57). Es hat einen hohen Wert, dass in der Erziehung Medienkompetenz in sozialen Online-Netzwerken nicht nur gelehrt wird, sondern auch produktiv in die schulische und außerschulische Erziehung mit einfließt (vgl. Filk & Schauer 2013, S. 62). Tatsache ist, jeder Mensch besitzt eine persönliche und eine soziale Identität (vgl. Palfrey & Gasser, 2008, S. 19). Die persönliche Identität erstellt der Jugendliche selbst, beispielsweise online in der Herstellung seiner Profilseite. Die soziale Identität wird über Verbindungen und Wechselbeziehungen mit Anderen in sozialen Online-Netzwerken dargestellt (vgl. Meyersiek & Borg-Laufs 2012, S. 9). Folgende Ziele sollten dementsprechend für Pädagogen im Umgang mit der Kompetenzentwicklung in sozialen Online-Netzwerken im Vordergrund stehen (vgl. Meyersiek & Borg-Laufs 2012, S. 12f):

1. gelingende Auseinandersetzung mit der eigenen Identität,
2. soziale Eingebundenheit,
3. Selbstwertstabilisierung,
4. gelingende Online-Kommunikation.

5.2 Erziehung zum Umgang mit sexuellen Inhalten in Sozialen Netzwerken

„Der Umgang mit der Natur bedarf es, um seine eigene Natur zu entwickeln und zu pflegen, und dass es eines Heranführens an eine Kultur bedarf, um ein Kulturwesen zu werden" (te Wildt 2012, S. 196).

Mit anderen Worten, es sind die Jugendlichen selbst, die einander im Zuge einer Selbstsozialisation und Selbsterziehung zum Umgang mit ihrer Sexualität in SNS mit Hilfestellungen zur Verfügung stehen. Jugendliche wachsen vornehmlich in heterogenen Sozialstrukturen auf. Von deutlich förderlichen bis hin zu belastenden Situationsbewältigungen bilden Jugendliche ungleiche Wahrnehmungs- und Handlungsschemata aus. Dies gilt insbesondere für ihre sexuellen Skripte bzw. Identitätsherausbildung und -entwicklung, das bedeutet, die Ausprägung der individuellen Bedürfnischaraktere, Erwartungen, Überzeugungen und Einstellungen bezüglich ihrer eigenen Sexualität, die der Anderen und möglichen Beziehungserprobungen. Folglich sind Jugendliche mehr oder weniger widerstandfähig oder anfällig für die Probleme, die sich aus der Nutzung der SNS ergeben. Es handelt sich hierbei nicht um Probleme sexueller Verwahrlosung, diese wurden nachweislich widerlegt (vgl. Altstötter-Gleich 2006, BZgA 2010). Vielmehr sollte das Augenmerk auf den jugendlichen „Leichtsinn“, d. h. die jugendliche Neugierde oder Naivität gelegt werden, die verbunden sind mit der noch nicht vollständig erreichten Identitätsstabilität in der Pubertät, und dem zur Verfügung stehenden Handlungsrahmen im Web 2.0. Die Entwicklung zur selbstbestimmten Sexualität und die damit verbundene Frage der Umsetzung für diese neuen Anforderungen der Sexualpädagogik sollte das Web 2.0 und die Identitätsarbeit, die lange in der Sexualpädagogik vernachlässigt wurde, erneut als wesentlichen Kern ihres Aufgabengebiets begreifen. Jugendliche sind medienkompetenter, als Erwachsene und Pädagogen vermuten. Trotzdem benötigen sie nach wie vor und aufgrund der besonderen Eigenheiten des Web 2.0 umso mehr verlässliche und kompetente Unterstützung und Interpretationshilfen als Begleitung in ihren sexuellen Lernprozessen (vgl. Hartl 2010, S. 43).

Da die Jugendlichen nicht ausschließlich konsumieren, sondern vornehmlich produzieren, sollten in der Sexualpädagogik die bereits im vorherigen Kapitel genannten Ziele in die alltägliche Lebenswelt des Web 2.0 integriert werden. Die fünf klassischen Bereiche der Web-2.0-Anwendungen auf SNS sind:

1. Profil(-bild) gestalten,
2. selbstgeschossene (erotische) Fotos hochladen,
3. Fotoalben gestalten,
4. die eigene Person betreffenden Statusmeldungen lesen,
5. eigene Gedanken und Texte erzeugen.

Da SNS im Grunde genommen virtuelle Kontaktbörsen sind, sind sie besonders gut dazu geeignet, sich selbst anzutrainieren, wie man sich selbst vorteilhaft darstellt, verkauft oder Kontakte knüpfen kann.

1. *Profil(-bild) gestalten*

Jeder User hat eine eigene Seite bzw. ein eigenes Profil, auf dem er sich selbst im besten Fall authentisch darstellt oder beschreibt, wie er gesehen werden möchte. Außer zur Nennung des Namens und zum Hochladen des Fotos wird der Jugendliche dazu animiert, auf seinem eigenen Profil eine ganze Menge neuer oder weiterer personenbezogener Daten anzugeben, die ihn als Person möglichst gut beschreiben – alles, was der Jugendliche für sich und seine Identität für wichtig hält. Es ist eine Art persönlicher Steckbrief, der Schule, Klasse, Hobbies, Lieblingsfilme, Musikgeschmack, Zitate bis hin zu Talenten und Begabungen preisgibt, sofern der Jugendliche dies mit anderen teilen möchte.

2. *Selbstgeschossene (erotische) Fotos hochladen*

Es werden zu selbstgeschossenen (erotischen) Fotos folgende acht Empfehlungen für Jugendliche von Jugendlichen gegeben (vgl. Döring 2012, S. 21):

a) Einverständnis der Jugendlichen

(Erotischer) Fotoaustausch soll im Zuge der Freiwilligkeit und des Einverständnisses geschehen.

b) Vertrauen

Die Jugendlichen, die Fotos austauschen wollen, sollen sich vorher verantwortungsvoll noch einmal in Erinnerung rufen, wem sie Fotos schicken wollen und ob sie demjenigen das entsprechende Vertrauen schenken möchten.

c) Wechselseitigkeit

Fotos sollten nicht *nur* einseitig von einer Person verschickt werden, sondern man sollte selbst auch Fotos geschickt bekommen.

d) Diskrete Bilder

Zu sexuell eindeutige oder zu sehr entblößte Fotos zu verschicken, sollte gut bedacht werden. Angebrachter wären im Zweifelsfall Unterwäsche-Fotos. Verbunden mit dem Risiko, dass die Fotos doch öffentlich herumgezeigt werden, ist der zweite Fall weniger unangenehm.

e) Anonyme Bilder

Erotische Bilder können anonymisiert werden, indem man einen Ausschnitt wählt, auf dem das Gesicht nicht zu erkennen ist. Somit ist es letztlich nicht eindeutig auf den Fotografierten zurückzuführen.

f) Professionelle Bilder

Professionelle Aktfotos vom Fotografen sehen meist ästhetischer und nicht „primitiv" aus.

g) Rechtslage

Wenn jemand ein Foto eines Jugendlichen ohne dessen Einverständnis hochladen oder posten möchte, kann der Betroffene sich vorher rechtliche Schritte vorbehalten.

h) Respekt

Jugendliche sollten erstens zu ihrem Körper stehen und zweitens zu dem stehen, was sie gemacht haben. Es ist nicht verboten, sich und seinen Körper abzulichten oder ablichten zu lassen, es ist aber verboten, ohne Einverständnis eines Betroffenen die Bilder weiterzuleiten und den Betroffenen zu mobben.

3. *Fotoalben gestalten*

Zu den bereits in Punkt 2 erwähnten Empfehlungen zum Hochladen und Austauschen (erotischer) Fotos können Jugendliche in ihrem Profil auch ihre ganz persönlichen Fotoalben anlegen und mit verschiedenen Personengruppen, die sie ausgewählt haben, teilen oder auch nicht. Wie eine Art Tagebuch gestalten sie ihre ganz persönlichen Fotoalben zu den Themen Familie, Urlaub, Freundschaft, Beziehungen etc. Die Fotoalben, die geteilt werden, können wiederum mit Kommentaren versehen werden, sowohl vom Profilbesitzer als auch von den anderen Usern. Dies fördert den Austausch untereinander und kann im Sinne von Aufmerksamkeitsmaximierung die Attraktivität der Veröffentlichung weiterer Fotos steigern (vgl. Kortmann 2009, S. 40). Beziehungen oder potenzielle Beziehungspartner können mithilfe von selbsterstellten Fotoalben gemeinsame Erlebnisse darstellen, dazukommende positive Kommentare und Verlinkungen können diese noch verfestigen.

4. *Die eigene Person betreffende Statusmeldungen*

Nicht nur eine positive Bewertung von Profilbildern oder Fotoalben können den Austausch untereinander fördern, sondern auch insbesondere die Statusmeldungen, die die eigene Person betreffen, können kontaktfördernd und aufmerksamkeitsunterstützend wirken.

„Positive Bewertungen bei dieser Art von Identitäts-Inszenierung sind deshalb so wichtig, da sie das Selbstwertgefühl der Jugendlichen stärken und stabilisieren" (Meyersiek & Borg-Laufs 2012, S. 12).

Auch lassen sich gemeinsame Interessen oder Probleme mit anderen im Chat diskutieren, und gemeinsamen Lösungsansätze können ausgetauscht und besprochen werden.

5. *Eigene Gedanken und Texte erzeugen*

Die Möglichkeit, eine eigene Gruppe in einem sozialen Online-Netzwerk oder einen eigenen Blog zu erstellen, bietet den Jugendlichen die Chance, ihre Identität und das, was sie wirklich interessiert, genau herauszukristallisieren. Der Jugendliche hat nun die Möglichkeit, sich mit seiner eigenen Person (sexuell) reflektierend auseinanderzusetzen und seine (sexuelle) Individualität durch diese Ausdrucksform selbst neu zu gestalten und zu kultivieren.

> *„There is evidence, for example, that online daters use their online dating experiences as opportunities to try out new identities"* (Gunter 2013, S. 183).

Die sexuelle Identität ist besonders sensibel für Vergleiche und die damit möglicherweise verbundenen Veränderungen, weil sie die Identität der Jugendlichen, die wie bereits erwähnt noch nicht so gefestigt und daher leichter zu verunsichern ist als andere Identitätsbereiche. Dies bedeutet, dass die sexuelle Identität, die ein Teil der Gesamtidentität des Menschen ist, in einer verantwortungsvollen Identitätsarbeit mit Jugendlichen auch insgesamt behandelt werden muss. Um die Jugendlichen auf sexuelle Inhalte in SNS vorzubereiten, sollte man sie in ihrer eigenen sexuellen Identität stärken. Ungefähre Zielrichtungen für die Ausprägung der sexuellen Identitätsarbeit können sein (BZgA 1999, S. 78):

1. sexuelles Selbstkonzept stärken,
2. sexuelles Selbstwertgefühl stärken,
3. sexuelle Kontrollüberzeugung stärken.

Relevant ist, dass das Selbstbild, welches die Jugendlichen von sich haben, auf Realitätsangemessenheit von ihnen selbst zu überprüfen ist.

> *„Auf der kognitiven Ebene bedeutet das, Vergleiche anzustellen und Feedback zu verarbeiten, auf der emotionalen, Inkonsistenzen ertragen und integrieren zu lernen, und auf der aktionalen, in einen konstruktiven Diskurs mit anderen zu treten oder evtl. alternative Handlungsmuster zu erwerben, die selbstbildkongruenter sind"* (BZgA 1999, S. 78).

Neben der Förderung der Realitätsangemessenheit des sexuellen Selbstbildes steht das metakognitive Wissen über Expertise. Das bedeutet, dass sich die Jugendlichen darüber bewusst sein müssen, welche sexuellen Vorurteile sie haben und wie sie diese eventuell mit dem realen Kontext vermischen. Gelingt ihnen dies, können eine angemessenen Wahrnehmung und Einschätzung von sich selbst und zu anderen Einfluss darauf haben, von vornherein adäquat bei bestimmten sexuellen Inhalten auf SNS zu reagieren.

SNS eignen sich schon allein deshalb zur sexuellen Identitätsarbeit, da es ein Prozess ist, der Zeit und interpersonalen Austausch mit Anderen benötigt, der eingeplant und begleitet werden muss. Im Folgenden werden diese Lernprozesse für die drei einzelnen Identitätskomponenten verknüpft und Praktiken herausgearbeitet, die hilfreich für die sexuelle Identitätsentwicklung in SNS sein können (vgl. BZgA 1999, S. 78ff):

1. Das sexuelle Selbstkonzept

   Es soll ein zentrales Bewusstsein für Einstellungen und Werte, denen man sich verpflichtet fühlt, und für die eigene biografische Bedingung, durch die diese geformt wurden, herausgearbeitet werden. Kenntnisse über die eigenen Stärken und Schwächen, Vorlieben und Abneigungen sowie Kenntnis über eventuelle Widersprüchlichkeiten innerhalb der eigenen

Identität. Natürlich darf es solche Widersprüche geben, die Jugendlichen müssen sich nur dessen bewusst sein, dass es zu einem stabilen Selbstkonzept dazugehört, sich im besten Fall mit diesen Widersprüchlichkeiten arrangieren zu können. Folgende Aspekte können zur Stärkung eines sexuellen Selbstkonzepts in SNS dazu beitragen:

a) Größtenteilige Übereinstimmung mit dem rückgemeldeten Fremdbild.

b) Bewusstsein für Unsicherheiten und Inkonsistenzen im Selbstbild.

c) Einsicht der stets weiter fortschreitenden eigenen Entwicklung.

d) Der Vergleich mit Anderen, d. h. in Texten, Bildern, Fotoalben.

Welche Attribute, Leistungen, Einstellungen und Verhaltensweisen unterscheiden den jugendlichen User von den anderen Usern, und welche Gemeinsamkeiten können sie anhand ihrer Profile erkennen?

e) Der Vergleich von Selbstwahrnehmung und wahrgenommener Fremdwahrnehmung.

Wie sieht und bewertet sich der Jugendliche selbst, und wie sieht und bewertet er die Anderen?

f) Der Selbstvergleich innerhalb eines Zeitraums.

Wie war der Jugendliche früher, wer ist er jetzt, und wer möchte er in Zukunft sein?

g) Der Vergleich von eigenen Einstellungen und Verhaltensweisen.

Stimmen Verhalten und Einstellungen überein?

h) Der Vergleich von Zielen und Ergebnissen.

Wie sieht sich der Jugendliche in seinem aktuellen Selbst (extant self), in seinem erwünschten Selbst (desired self) und in seinem dargestellten Selbst (presenting self)? Wie möchte er sein? Wie ist er wirklich?

2. Das sexuelle Selbstwertgefühl

Ein sexuelles Selbstwertgefühl sollte ebenfalls realitätsangemessen sein. Das heißt, wenn der Jugendliche ein möglichst hohes Niveau des Selbstkonzepts erarbeitet hat, kann dies dazu beitragen, ein starkes Selbstwertgefühl zu erreichen und zu optimieren. Ist es zudem noch realitätsadäquat, hilft es dem Jugendlichen, nicht überheblich zu werden und sich die Wertschätzung und Anerkennung für sich selbst und für andere zu bewahren.

Ein gesundes, nicht übersteigertes Selbstwertgefühl äußert sich in

a) Selbstakzeptanz,

b) Zufriedenheit,

c) Selbstständigkeit,

d) einer klaren Unabhängigkeit von der Bewertung Anderer.

Dies kann auf SNS beispielsweise dann gewährleistet sein, wenn akzeptierende, wertschätzende Kommentare, Diskussionen, Chats oder Konfrontationen innerhalb der SNS partizipiert und gefördert werden. Gerade in der Entwicklung der sexuellen Identität muss auch insbesondere der Schutz der Intimität gewährleistet sein. In SNS ist dies optimal gegeben. Auf nicht jeden Kommentar muss eine Äußerung erfolgen. Distanz kann zu speziellen Themen gewahrt werden. Somit kann jeder User Verantwortung für sich selbst übernehmen, indem er seine Intimsphäre schützt.

„Trust in personalized information is relevant in other social interaction settings, including those that involve highly social network sites such as Facebook" (Gunter 2013, S. 186).

3. Die sexuelle Kontrollüberzeugung

Im Sinne der Selbstkontrolle wird ein Grundgefühl verfolgt, sowohl das eigene Verhalten und Erleben, aber auch das der Anderen erklären, deuten und beeinflussen zu können. Eine gesunde verinnerlichte Kontrollüberzeugung durch eine soziale Rücksichtnahme entsteht aus

a) der Überzeugung, etwas bewirken zu können,

b) dem Bewusstsein der Handlungsfähigkeit,

c) der Vermeidung von (sexuellen) Übergriffigkeiten,

d) einem adäquaten, gesunden Kontrollbedürfnis.

Damit diese Ziele erreicht werden können, sollen User des Web 2.0 lernen, Erfahrungen ihrer Selbstwirksamkeit zu machen. In Bezug auf die sexuelle Identitätsentwicklung wäre Kommunikation über Sexuelles, d. h. über den Chat oder über die „persönliche Nachricht" (PN) geeignet.

„Wenn gezielt Erinnerungen an Erfolge aktiviert werden, können die eigenen Beiträge dazu, d.h. Personenmerkmale oder Verhaltensweisen, bewußtgemacht und so Erfolgszuversicht und Handlungsmuster für künftige vergleichbare Situationen daraus gewonnen werden" (BZgA 1999, S. 80).

Des Weiteren liegt bei solch biografischer Reflexion der positive Lernprozess in der Fähigkeit, die Beweggründe nachzuvollziehen, aus denen gewisse Resultate und Verhaltensweisen der Anderen herrühren. Im Chat beispielsweise haben die User die Möglichkeit, ihr Geschriebenes noch einmal durchzulesen, zu überprüfen oder genau zu überdenken, bevor sie es versenden.

„Wenn man weiß, wie ‚man funktioniert‘, kann man in den Prozeß
eingreifen und etwas bewirken" (BZgA 1999, S. 80).

Das Web 2.0 bietet die Möglichkeit, sexuelle Identität herauszuarbeiten, Tabuthemen zu entschärfen oder sogar zu brechen. Jugendliche können durch SNS ihrer Identitätsentwicklung freien Lauf lassen und sich in ihren verschiedenen Teilidentitäten entwickeln.

„In an online setting, individuals may disclose specific details
about themselves sooner than they might ordinarily do in offline
settings and develop a closeness with another even sight unseen"
(Gunter 2013, S. 182).

5.3 Vorschlag für einen sexualpädagogischen Leitfaden Web 2.0

In Anlehnung an die Empfehlungen zur Identitätsarbeit der BZgA hinsichtlich der vier Ziele für eine erfolgreiche Kompetenzentwicklung Jugendlicher in sozialen Online-Netzwerken, nämlich

1. gelingende Auseinandersetzung mit der eigenen Identität,
2. soziale Eingebundenheit,
3. Selbstwertstabilisierung,
4. gelingende Online-Kommunikation

sollen folgende Themen in der Sexualpädagogik mithilfe der Anwendung von SNS bearbeitet werden:

1. Identitätsauseinandersetzung durch Profilgestaltung
2. Köperbildauseinandersetzung durch fotografische Darstellungen der eigenen Person
3. Auseinandersetzung mit sexuellen Normen und Werten
4. Auseinandersetzung mit Sexualität durch Kommunikation im Chat

1) Identitätsauseinandersetzung durch Profilgestaltung

- Wie siehst du dich und was macht dich aus?
- Welches Profilbild stellt dich am besten dar?
- Welches Titelbild passt gerade zu deiner Stimmung, und soll es anderen etwas mitteilen?
- Welche Fotoalben möchtest du anlegen? Möchtest du sie nach speziellen Themen ordnen?
- Sollen die Fotoalben Geschichten erzählen, und welche Titel gibst du den Fotoalben?
- Welche Erinnerungen an Familie, Freunde oder Clique hast du und möchtest du über Fotoalben ausdrücken?
- Wie gestaltest du deine Freundesliste? Gibt es „enge Freunde" oder „Bekannte", die du zuordnen möchtest?
- Wer darf welche Inhalte deines Profils sehen?
- Dürfen andere etwas auf deine Pinnwand schreiben, oder gestattest du es nur dir selbst?
- Welche Hobbies, Lieblingsmusik und Lieblingsfilme hast du, und welche davon möchtest du preisgeben?

2) Köperbildauseinandersetzung durch fotografische Darstellungen der eigenen Person

- Möchtest du private Fotos von dir ins Netz stellen?
- Möchtest du Ganzkörperfotos von dir hochladen?
- Bist du mit dir und deinem Körper zufrieden, und möchtest du dies auch im Netz mithilfe von Fotos präsentieren?
- Welche Art von Fotos möchtest du von dir hochladen? Sportliche, lustige, sexy, verspielte Fotos von dir?
- Welche Art von Fotos findest du angemessen und vorteilhaft für dich?

- Dürfen dich andere auf Fotos markieren oder verlinken? Erlaubst du es ihnen erst nach deiner Zustimmung oder gar nicht?
- Möchtest du bei anderen auffallen und ihre Aufmerksamkeit durch deine Fotos gewinnen?
- Möchtest du Fotos von dir und deinem Partner hochladen? Wenn ja, welche Art von Fotos sollen das deiner Meinung nach sein, beispielsweise die Beziehung darstellend, Küsse, Umarmungen, Freizeitaktivitäten?

3) Auseinandersetzung mit sexuellen Normen und Werten

- Was sind sexuelle Normen und Werte für dich?
- Welche Normen und Werte haben deine Eltern im Gegensatz zu dir?
- Lassen sich Liebe und Sexualität voneinander trennen?
- Sollte ein Seitensprung erzählt und im Netz veröffentlicht werden?
- Sollen unvorteilhafte Fotos Anderer veröffentlicht und im Netz weitergeleitet werden, wenn die betroffene Person dadurch bloßgestellt und gemobbt wird?
- Für welche Gruppen bei *facebook* interessierst du dich, und in welche würdest du davon eintreten?
- Welche „Seiten" würdest du abonnieren?
- Welche eigenen Gruppen oder Blogs würdest du gründen wollen?
- Wie findest du selbsterstellte Gruppen, in denen nur deine besten Freunde Mitglieder wären, wie beispielsweise „Mädelstammtisch" oder „Männerstammtisch"?
- Findest du solche Gruppen vorteilhaft oder nützlich?

4) Auseinandersetzung mit Sexualität durch Kommunikation im Chat

- Besprichst du sexuelle Probleme mit deinem Beziehungspartner im Chat?
- Kannst du im Chat offen über Sexuelles sprechen?

- Wie findest du kleine Liebesbotschaften auf deiner Pinnwand oder in der Statusmeldung deines Partners?

- In welcher Hinsicht ist Sexualität immer noch ein Tabuthema?

- Gibt es sexuelle Situationen/Erlebnisse, die dich sprachlos gemacht haben?

- Kann man ein sexuelles Problem oder einen sexuellen Konflikt auch zerreden? Ist dann der Chat möglicherweise eine Alternative für dich, Konflikte zu lösen?

- Was würdest du im Chat mit anderen über dich und deine Sexualität preisgeben?

- Welche sexuellen Ausdrücke oder Begriffe würdest du im Netz verwenden bzw. vermeiden?

6. Fazit und Ausblick

Die Motivation zu meiner Arbeit über das Thema *Sexualpädagogik goes Web 2.0* lag in folgendem Aspekt, der abschließend noch einmal aufgegriffen werden soll:

Nach den Empfehlungen der International Planned Parenthood Federation, muss sich die gegenwärtige Sexualpädagogik konsequenterweise die Aufgabe stellen, Jugendliche auch im Kontext ihrer neuen Lebenswelt Web 2.0 in ihrer sexuellen Identitätsentwicklung zu unterstützen. Den Möglichkeiten der Prosumption im Web 2.0 entsprechend sollte eine moderne, zeitgemäße Sexualpädagogik im Zuge der Förderung der sexuellen Identitätsentwicklung die Jugendlichen deshalb besonders dabei unterstützen, auch in sexueller Hinsicht zu einer adäquaten Selbstpräsentation in der Lage zu sein.

Identitätsbestimmung ist die Antwort auf die Frage „Wer bin ich?". Für Jugendliche stellt diese Frage tagtäglich eine enorme Herausforderung dar. Das beliebteste soziale Online-Netzwerk *facebook* vereint konzentriert die

Möglichkeiten des Web 2.0 für die Arbeit an der eigenen Identität. Sexuelle Sozialisationsprozesse finden angesichts der Entwicklung des Web 2.0 mittlerweile zum Großteil sozial-online-medial statt. Die sexuelle Identitätsarbeit ist eine reflektierte Auseinandersetzung mit den gesellschaftlichen Erwartungen, Einstellungen und Überzeugungen. Aus diesem Grund sollte eine zeitgemäße Sexualpädagogik die sexuelle Identitätsarbeit im Allgemeinen und diese Form der Arbeit im Rahmen des Web 2.0 im Besonderen als *neuen* wesentlichen Kern ihres Aufgabengebiets bestimmen.

Durch das Web 2.0 werden Jugendliche zu Prosumenten und können aktiv ihre Identität entwickeln und kultivieren. Jugendliche leisten somit beständig Identitätsarbeit. Die Erziehung zum Umgang mit eigenen und fremden sexuellen Inhalten auf SNS sollte demnach in der Sexualpädagogik einen hohen Stellenwert haben. Da viele Eltern wenig Wissen über die Möglichkeiten, Probleme und Gefahren im Web 2.0 besitzen, bestehen häufig gravierende Defizite in der elterlichen Begleitung ihrer Kinder als mediale Prosumenten, die somit aufgefangen werden könnten.

Demzufolge gilt es, Sexualpädagogen für das Thema Jugendsexualität im Web 2.0 zu sensibilisieren und diese durch Vermittlung notwendiger Kompetenzen dazu zu befähigen, Jugendliche in ihrer Nutzung von SNS hinsichtlich sexueller Inhalte zu begleiten.

> *„Es ist sinnvoller, diese für Jugendliche selbstverständliche Lebenswelt auch hinsichtlich der Ressourcen zu betrachten, da sie für eine positive Entwicklung von Jugendlichen bereithalten, und diese in Beratung und Therapie explizit zu beachten und zu stärken"* (Borg-Laufs 2013, S. 115).

Neben der elterlichen Sexualerziehung ist die Sozialisationsinstanz Schule gefordert, sich mit der alters- und entwicklungsgerechten Sexualerziehung Jugendlicher und deren Erziehung zur Medienkompetenz auseinanderzusetzen.

Schule ist nicht nur eine „Zwangseinrichtung", sondern der Ort, an dem Jugendliche Freunde und potenzielle Beziehungspartner kennenlernen. Vor Lehrern oder bestimmten Mitschülern reden Jugendliche in der Schule allerdings nur ungern offen über viele sexuelle Themen, die sie beschäftigen. Genau dann und dafür nutzen sie spezielle Kommunikationsumgebungen, so z.B. SNS. Folglich könnte im Rahmen der außerschulischen Sexualerziehung gerade das Web 2.0 in hervorragender Weise dazu eingesetzt werden, Sexualerziehung außerhalb des Elternhauses zu leisten.

> *„Eine sich individualisierende Gesellschaft, in der kaum noch Traditionen, eingefahrene Rollenmuster und vorgegebene biografische Karrieren eine Orientierung geben, die gleichzeitig das sich selbst bestimmende und verantwortende Subjekt zum Sozialisationsziel erklärt, erwartet von ihren Mitgliedern ein persönliches Selbstmanagement, das nur auf der Basis komplexer Informationsverarbeitung, hoher Entscheidungsbereitschaft und vielfältiger sozialer und personaler Kompetenzen gelingen kann. Insbesondere in Zeiten raschen gesellschaftlichen Wandels [...] wird der Pädagogik die Funktion einer gesamtgesellschaftlichen Beratungswissenschaft für den Umgang mit den entstehenden Sozialisationskonflikten zugedacht, und Erziehung dient der Vermittlung basaler Lebenskompetenzen, die weit über den Grundbestand traditioneller Sozialisationshilfen hinausgehen"*
> (vgl. Sielert 2005, S. 31f).

Sexualerziehung ist demnach mehr als nur Aufklärung. In der Sexualpädagogik wird durch die Einbeziehung der Lebenswelt Web 2.0 Identitätsarbeit nach langer Zeit (wieder) wichtig. Durch die persönliche Identitätsarbeit im Web 2.0 wird den Jugendlichen die Möglichkeit eröffnet, sich soziale Kompetenzen anzueignen, eigenverantwortlich durch die Online-Welt zu gehen und das eigene

Selbstwertgefühl zu stärken, indem sie sich mit medial-sexuell-inszenierten Bildern und Inhalten auseinandersetzen, sich selbst und ihr Verhalten reflektieren und gegebenenfalls aktiv als Prosument intervenieren können, ohne sich von anderen einschüchtern zu lassen.

Jugendliche haben die Chance, im Web 2.0 eine Bandbreite an Normen und Werten und darüber hinaus viel über sich und andere zu erfahren. Somit ist hier ein ausgezeichnetes Übungsfeld für die Unterstützung zu einer eigenverantwortlichen sexuellen Entwicklung durch Selbstkontrolle und Eigenproduktivität gegeben. Wenn die Lebenswelt Web 2.0 für Jugendliche *der* Kommunikationsraum schlechthin ist, in dem Jugendliche sich selbst und alles, was ihnen wichtig ist und was sie ausmacht, mitteilen: Warum sollte man dann diese Lebenswelt nicht auch für die sexuelle Identitätsarbeit der Sexualpädagogik ressourcenorientiert nutzen?

Literaturverzeichnis

Altstötter-Gleich, C. (2006). Pornografie und neue Medien. Eine Studie zum Umgang Jugendlicher mit sexuellen Inhalten im Internet. Mainz: pro familia.

Baacke, D. (2004). *Jugend und Jugendkulturen.* Weinheim und München: Juventa Verlag.

Borg-Laufs, M. (2013). Selbstmanagementtherapie mit Jugendlichen und das Web 2.0. In S. Trautmann-Voigt, & B. Voigt (Hrsg.), *Jugend heute. Zwischen Leistungsdruck und virtueller Freiheit* (S. 107-121). Gießen: Psychosozial-Verlag.

Borg-Laufs, M. & Dittrich, K. (Hrsg.). (2010). *Psychische Grundbedürfnisse in Kindheit und Jugend* (Bd. 15). Tübingen: dgvt-Verlag.

Burger, T. (2013). *Social Media und Schule. Wege zum konstruktiven Umgang mit Facebook & Co.* Hamburg: AOL- Verlag.

BZgA (Hrsg.). (2010). *Jugendsexualität – Repräsentative Wiederholungsbefragung von 14- bis 17-Jährigen und ihren Eltern.* Köln.

BZgA (Hrsg.). (1999). *Sexualpädagogik zwischen Persönlichkeitslernen und Arbeitsfeldorientierung.Unterrichtsmaterialien für die sozialpädagogische Ausbildung.* Köln.

BzgA & WHO (Hrsg.). (2011). *WHO-Regionalbüro für Europa und BzgA. Standards für die Sexualaufklärung in Europa.* Köln.

Calmbach, M., Thomas, P. M., Borchard, I. & Flaig, B. B. (2011). *Wie ticken Jugendliche? 2012: Lebenswelten von Jugendlichen im Alter von 14 bis 17 Jahren in Deutschland.* Düsseldorf: Haus Altenberg.

Dannecker, M. (2007). Sexualität und Internet. *Zeitschrift für Sexualforschung* (20), S. 331-339.

de Gruyter, W. (2003). *Psychrembel Wörterbuch Sexualität.* Berlin.

Dekker, A. (2003). Sexualität und Beziehungen in realen und virtuellen Räumen. *Zeitschrift für Sexualforschung* (16), S. 285-298.

Döring, N. (2008). Sexualität im Internet. *Zeitschrift für Sexualforschung* (21), S. 291-318.

Döring, N. (2003). *Sozialpsychologie des Internet. Die Bedeutung für Kommunikationsprozesse, Identitäten, soziale Beziehungen und Gruppen.* Göttingen : Hogrefe.

Döring, N. (2012). Erotischer Fotoaustausch unter Jugendlichen: Verbreitung, Funktionen und Folgen des Sexting. *Zeitschrift für Sexualforschung, 25,* 4-25.

Ellison, N. B. & Boyd, D. M. (2013). Sociality through Social Network SiteS. In W. H. Dutton, *The Oxford Handbook of Internet Studies* (S. 151-172). Oxford: Oxford University Press.

Fend, H. (2000). *Entwicklungspsychologie des JugendalterS.* Opladen: Leske + Budrich.

Filk, C. & Schauer, H. (Februar 2013). Generation Facebook?! Erkenntnisse zur Nutzung sozialer Medien durch 14- bis 18-Jährige. *merz- medien + erziehung. Zeitschrift für Medienpädagogik* , S. 57-63.

Gapski, H. & Gräßer, L. (2010). *Verbraucherschutz und Medienkompetenz. Junge Konsumenten im Web* (Bd. 10). Düsseldorf, München: kopaed.

Gapski, H. & Gräßler, L. (Hrsg.). (2009). *Medienkompetent in CommunityS.* Düsseldorf, München: kopaed Verlag.

Gehrke, G. (Hrsg.). (2007). *Web 2.0 – Schlagwort oder Megatrend?* Marl: kopaed Verlag.

Geiser, L. (Juni 2010). Sexuelle Sozialisationsprozesse bei Jugendlichen. *merz – medien + erziehung. Zeitschrift für Medienpädagogik* , S. 32-35.

Grimm, P., Rhein, S. & Müller, M. (2011). *Porno im Web 2.0 – Die Bedeutung sexualisierter Web-Inhalte in der Lebenswelt von Jugendlichen* (Bd. 25). Hannover: VISTAS Verlag.

Grunwald, K. & Thiersch, H. (Hrsg.). (2008). *Praxis Lebensweltorientierter Sozialer Arbeit.* Weinheim und München: Juventa Verlag.

Gunter, B. (2013). The Study of Online Relationships and Dating. In W. H. Dutton, *The Oxford Handbook of Internet Studies* (S. 173-194). Oxford: Oxford University Press.

Haeberle, E. J. (2005). *dtv-Atlas Sexualität.* München: dtv.

Hartl, J. (Juni 2010). Neue Medien – Neue Herausforderungen für die Sexualpädagogik. *merz – medien + erziehung. Zeitschrift für Medienpädagogik* , S. 42-43.

Heuves, W. (2010). *Pubertät. Entwicklungen und Probleme.* Frankfurt a. M.: Brandes & Apsel.

Hilgers, A., Krenzer, S. & Mundhenke, N. (2004). *Richtlinien und Lehrpläne zur Sexualerziehung.* (BZgA, Hrsg.) Köln.

Höhn, M. & Höhn, M. (1997). *Lieben lernen. Mit Kindern und Jugendlichen über Sexualität sprechen.* Köln: PapyRossa Verlag.

Honer, A. (2011). Bausteine zu einer lebensweltorientierten Wissenssoziologie. In *Kleine Leiblichkeiten. Erkundungen in Lebenswelten.* (S. 11-26). Wiesbaden: VS Verlag für Sozialwissenschaften.

Hopf, A. (2008). *Fächerübergreifende Sexualerziehung* (Bd. 63). Baltmannsweiler: Schneider Verlag Hohengehren.

Hopf, A. (2002). *Sexualerziehung.* Düsseldorf: Neuwieder Verlagsgesellschaft.

Hugger, K.-U. (Hrsg.). (2010). *Digitale Jugendkulturen*. Wiesbaden: GWV Fachverlage GmbH.

Hurrelmann, K. (2007). *Lebensphase Jugend*. Weinheim und München: Juventa Verlag.

Hurrelmann, K. & Albert, M. (2002). *14te Shell Jugendstudie – Jugend 2002*. Frankfurt/M: Fischer.

Hurrelmann, K. & Quenzel, G. (2012). *Lebensphase Jugend*. Weinheim und München: Juventa Verlag.

JIM-Studie. Jugend, Information, (Multi-)Media. Basisuntersuchung zum Medienumgang 12-19-Jähriger. (2012). Von http://www.mpfs.de/index.php?id=527 abgerufen

Kluge, N. & Schmid-Tannwald, I. (2003). *Sexualität und Kontrazeption aus der Sicht der Jugendlichen und ihrer Eltern.* (BZgA, Hrsg.) Köln.

Kortmann, M. (2009). Social networks – das Internet als Bühne der Selbstdarstellung. Darstellung, Nutzungsanreize und pädagogische Konsequenzen von Web 2.0. (BZgA, Hrsg.) *Forum Sexualaufklärung und Familienplanung – Medien* , S. 39-42.

Lautmann, R. (2002). *Soziologie der Sexualität.* Weinheim und München: Juventa.

Leimgruber, S. (2011). *Christliche Sexualpädagogik. Eine emanzipatorische Neuorientierung für Schule, Jugendarbeit und Beratung.* München : Kösel-Verlag.

Liebsch, K. (2012). *Jugendsoziologie. Über Adoleszente, Teenager und neue Generationen.* München: Oldenbourg Verlag.

Mattejat, F. (2008). Entwicklungsorientierte Verhaltenstherapie mit Kindern, Jugendlichen und ihren Familien. *Verhaltenstherapie mit Kindern & Jugendlichen , 4. Jahrgang* (2), S. 77-88.

Meyersiek, N. & Borg-Laufs, M. (2012). Facebook und Co.: Soziale Netzwerke als Thema und Medium der Beratung und Psychotherapie mit Jugendlichen. *Verhaltenstherapie mit Kindern & Jugendlichen , 8. Jahrgang* (1), S. 5-18.

Ministerium für Schule und Weiterbildung, Wissenschaft und Forschung – Nordhrein Westfalen. (1999). *Richtlinien für die Sexualerziehung in Nordhrein-Westfalen.* Düsseldorf: Ritterbach Verlag.

Oerter, & Montada (Hrsg.). (2002). *Entwicklungspsychologie.* Weinheim, Basel: Beltz Verlag.

Palfrey, J. & Gasser, U. (2008). *Generation Internet. Die Digital Natives: Was sie leben – Was sie denken – Wie sie arbeiten.* München : Carl Hanser.

pro familia . (2007). *SPIN – Sexualpädagogische Information.* Von http://www.profamilia.de/fileadmin/dateien/fachpersonal/spin0703.pdf abgerufen

Pschyrembel. (2003). *Wörterbuch Sexualität.* Berlin: Walter de Gruyter.

Reißmann, W. (Juni 2010). Zweideutige Bilder. Jugendliche Selbstpräsentation in Onlinenetzwerken. *merz- medien + erziehung. Zeitschrift für Medienpädagogik* , S. 27- 31.

Schmidt, J. (2009). *Das neue Netz. Merkmale, Praktiken und Folgen des Web 2.0.* Konstanz: UVK Verlagsgesellschaft mbH.

Schmidt, J.-H., Paus-Hasebrink, I. & Hasebrink, U. (Hrsg.). (2011). *Heranwachsen mit dem Social Web. Zur Rolle von Web 2.0-Angeboten im Alltag von Jugendlichen und jungen Erwachsenen.* Düsseldorf: Vistas Verlag GmbH.

Schmidt, R.-B. & Schetsche, M. (1998). *Jugendsexualität und Schulalltag.* Opladen : Leske + Budrich.

Schütz, A. & Luckmann, T. (1984). *Strukturen der Lebenswelt.* Frankfurt a. M.: Suhrkamp Verlag.

Sielert, U. (2005). *Einführung in die Sexualpädagogik.* Weinheim und Basel: Beltz Studium.

Sielert, U. (2013). Sexualpädagogik und Sexualerziehung in Theorie und PraxiS. In U. Sielert & R.-B. Schmidt (Hrsg.), *Handbuch Sexualpädagogik und Sexuelle Bildung* (S. 41-55). Weinheim und Basel: Juventa.

Sielert, U. & Valtl, K. (Hrsg.). (2000). *Sexualpädagogik lehren.* Weinheim, Basel: Beltz Verlag.

Starke, K. (2010). *Pornografie und Jugend – Jugend und Pornografie.* Groß Umstadt: Papst Verlag.

Stein-Hilbers, M. (2000). *Sexuell werden. Sexuelle Sozialisation und Geschlechterverhältnisse.* Opladen: Leske+Budrich.

Stich, J. (2003). Annäherungen an Sexualität. Ein empirisches Forschungsprojekt mit Jugendlichen. *Zeitschrift für Sexualforschung* (16), S. 99-115.

Süss, D. (2009). *Jugendsexualität im Wandel der Zeit.* Wiesbaden: VS Verlag.

Süss, D. (2004). *Mediensozialisation von Heranwachsenden. Dimensionen – Konstanten – Wandel.* Wiesbaden: VS Verlag für Sozialwissenschaften.

te Wildt, B. (2012). *Medialisation. Von der Medienabhängigkeit des Menschen.* Göttingen : Vandenhoeck & Ruprecht.

Tillman, A. (2006). Doing Identity: Selbsterzählung und Selbstinszenierung in virtuellen Räumen. In A. Tillmann & R. Vollbrecht (Hrsg.), *Abenteuer*

Cyberspace. Jugendliche in virtuellen Welten. Frankfurt/Main: Peter Lang GmbH – Europäischer Verlag der Wissenschaft.

Valtl, K. (2013). Sexuelle Bildung: Neues Paradigma einer Sexualpädagogik für alle Lebensalter. In U. Sielert & R.-B. Schmidt (Hrsg.), *Handbuch Sexualpädagogik und Sexuelle Bildung* (S. 125-141). Weinheim und Basel.

Von Martial, I. (2012). *Sexualität in den Medien – Einfluss auf Kinder und Jugendliche.* Baltmannsweiler: Schneider Verlag Hohengehren.

Wampfler, P. (2013). *schulesocialmedia.* Abgerufen am 22. Oktober 2013 von http://schulesocialmedia.com/2013/10/18/wie-jugendliche-social-media-zur-beziehungspflege-nutzen/

Watzlawik, M. (2004). Wege zur sexuellen Identität. *Unsere Jugend* (4), S. 156-166.

Sexualpädagogik im Internet. Chancen und Risiken einer sexualpädagogischen Online-Beratung

Sabrina Gavars

2010

1. Einleitung

Diese Seminararbeit im Rahmen des Seminares „Gesprächsführung und Beratung" möchte ich der Frage widmen, inwiefern die Beratung betreffend Sexualpädagogik im Internet sinnvoll ist. Ich beginne diesen Aufsatz mit Definitionen und Erläuterungen zu den Kernbegriffen. Um deutlich zu machen, wie sich die Sexualpädagogik im Wandel der Zeit stark verändert hat, und auch die Beratungsmethoden sich entwickelten, möchte ich dann einen Überblick über die Entstehung und die Geschichte der Sexualpädagogik geben. Nachdem ich dann die soziale Beratung im Internet allgemein beleuchtet habe, fasse ich die vorhergehenden Ausführungen zur Beantwortung der Kernfrage zusammen und beschäftige mich abschließend mit einem Ausblick in die Zukunft.

2. Definitionen

Im Folgenden möchte ich die Kernbegriffe dieses Aufsatzes definieren und in einen Kontext zu meiner Eingangsfrage stellen. Aufgrund der zahlreichen und umfangreichen Beschreibungen, die ich während meiner Recherchen fand, beschränke ich mich dabei auf die Aspekte, die für diesen Aufsatz nötig sind.

2.1 Beratung

Um einen Umriss von Beratung zu skizzieren, möchte ich einen Text aus „Das Handbuch der Beratung, Band 1" zu Hilfe ziehen. Wir kennen die Beratung aus dem Alltag und aus professionellen Bereichen. Institutionelle Beratungen unterliegen dem Wandel der Zeit mit ihren sich verändernden Problemen und Fragestellungen. Beratung finden wir in unterschiedlichen Arbeitsfeldern wie den sozialen, gesundheitsberuflichen, psychologischen und pädagogischen. Man kann Beratung als „Querschnittsmethode" ansehen. Sie findet in den verschiedenen Wissenschaftsgebieten, Berufsfeldern, institutionell und außerhalb von Einrichtungen Verwendung. Durch die Expansion der Arbeitsbereiche und die Pluralisierung in der Gesellschaft vergrößert sich auch ständig das Spektrum der Beratung. BeraterInnen müssen sich also spezialisiert auf ihr Feld fortbilden. Sie müssen aber auch Grundkenntnisse erwerben, die feldunspezifisch sind. Dazu wird in dem von mir verwendeten Text der Begriff der „Doppelverortung" angeführt. Doppelverortung von Beratung bedeutet also, dass BeraterInnen zum einen über „Beratungs- und Interaktionswissen" verfügen müssen und zum anderen „Handlungsfeldspezifisches Wissen" benötigen. (vgl. Nestmann, Engel, Sickendiek, (Hrsg.), 2004, S. 33ff)

2.2 Sexualpädagogik

Die Sexualpädagogik kann als Teil des gesamten Feldes der Pädagogik verstanden werden. Diese Teildisziplin beschäftigt sich mit der sexuellen Sozialisation der Menschen als auch mit der Sexualerziehung, also Einflussnahme auf die Sexualität der Menschen. (vgl. Sielert, 2007, S. 68)

In der Sexualpädagogik vereinen sich Forschung, Erziehung, Aufklärung und Beratung. Es haben sich verschiedene Schwerpunkt-Disziplinen herausgebildet. Diese beziehen sich beispielsweise auf die verschiedenen Altersstufen von Personen, auf die sexuelle Ausrichtung oder bestimmte Lebenssituationen. Über das biologische und medizinische Wissen hinaus muss sich dieses Wissenschaftsfach also auch mit Aspekten von Beziehungen, sexueller Identität, Moral und Kultur auseinandersetzen.

Als wissenschaftliches Fach entstand die Sexualpädagogik nach dem Zweiten Weltkrieg als Teildisziplin der Erziehungswissenschaft. (vgl. Sielert, 2007, S. 69) Näheres zur Entstehung der Sexualpädagogik erläutere ich in Kapitel 3.

2.3 Sexualpädagogische Beratung

Die Beratungen im Bereich der Sexualpädagogik sind vielseitig. Sie werden für unterschiedliche Personengruppen, in unterschiedlichen Methoden und in unterschiedlichen Settings durchgeführt. Einige Beispiele möchte ich hier auflisten:

Einzelpersonen und Personengruppen

Kinder und Jugendliche

Senioren

Menschen mit Behinderungen

Menschen in Krisensituationen (ungewollte Schwangerschaft, AIDS, Opfer sexueller Gewalt)

Personen mit Beratungsbedarf betreffend der sexuellen Ausrichtung (Homosexualität, Transsexualität, Intersexualität)

Methoden

Einzel- und Gruppenberatung

Seminare, Workshops

Selbsthilfe-Gruppen

Aufklärungs-Unterricht

Offene und mobile Beratungsstellen

Die sexualpädagogische Beratung verlangt Kenntnisse über die Biologie des Menschen und zugleich Kenntnisse über die Psychologie und das Beziehungsverhalten. Neben einem psychosozialen Problemverständnis gilt es auch, gesellschaftliche Ansprüche und sexualitätsbezogene Normen und Werte zu beachten. Auch das sich wandelnde gesellschaftliche Sexualitäts- und Geschlechterrollenverständnis muss in der Beratung Beachtung finden. (Freund in Handbuch Sexualpädagogik und sexuelle Bildung, Hrsg. Sielert, Schmidt, 2008, S. 624f)

3. Sexualpädagogik im Wandel – Entstehung und Geschichte

Die Sexualerziehung in unseren Kulturkreisen war jahrhundertelang von christlicher Sicht geprägt. Bis in die Mitte des 20 Jahrhunderts sind fast ausschließlich alle Bücher zur Sexualaufklärung christlichen Ursprungs und haben damit sexualmoralische Werte vorgegeben. Auch die Wissenschaften

Medizin und Psychiatrie hatten starken Einfluss auf die Sexualerziehung. Die Unterdrückung von freier Sexualität sollte Folgeerkrankungen verhindern (Beispiel: Anti-Onaniekampagne im 18. Jahrhundert). Die Folgen jedoch waren Krankheitsbilder, die aufgrund dieser Unterdrückung entstanden. Erst Sigmund Freud entdeckte, dass bereits Kinder Sexualität erleben, und dass diese zur Persönlichkeitsentwicklung und eigenen Identifikation notwendig ist. Von hier an war eine andere Art der Sexualaufklärung gefragt – zur Verhinderung von Persönlichkeitsstörungen.

„Die 68-Bewegung erklärte die radikale Befreiung von sexuellen Zwängen zur zentralen Bedingung für eine Demokratisierung der Gesellschaft." (Sielert, 2007, S.69)

Daraufhin wurde die Sexualaufklärung immer mehr zur Aufgabe von Schulen und Beratungsstellen wie z.B. ProFamilia. Weitere Einflüsse auf die Sexualpädagogik erfolgten durch Wellen der Emanzipation, der Kampf gegen HIV, die Abtreibungsdebatten usw. So wurde die Sexualpädagogik durch viele Einflüsse und Veränderungen beeinflusst und ist Instrument verschiedener Wissenschaften. Neue Anforderungen zwingen die Umsetzung von Sexualerziehung zu neuen Methoden und Medien. (vgl. Sielert, 2007, S. 68-77)

4. Beratung im Internet

Die sozialpädagogischen Beratungen im Internet sind noch relativ junge Projekte, die meist um die Jahrtausendwende entstanden. Die Beratung durch einen Computer mittels Datenbanken gab es jedoch erstmals schon 1966. Dieses Programm „Eliza" wurde von Josef Weizenbaum, einem Computerwissenschaftler, entwickelt. In Deutschland wurde im Jahre 2004 in Berlin „Clara" erschaffen; eine Datenbank, die den Ratsuchenden gespeicherte Fragen beantwortete und zu weiterführenden Informationen verwies. (vgl. Gehrmann, 2009, S.10)

Heute wird die Online-Beratung immer intensiver von Fachpersonal aus sozialen Bereichen, Trägern sozialer Dienste und IT-Spezialisten diskutiert. Zentrale Fragen dabei sind:

Kann die Internet-Beratung die Face-to-face-Beratung ersetzen?

Können die professionellen Standards Sozialer Arbeit dadurch gehalten werden?

Welche Möglichkeiten und Grenzen für die Soziale Arbeit ergeben sich aus der Beratung über das Internet?

Im Folgenden möchte ich die Vor- und Nachteile der Beratung im Internet diskutieren.

4.1 Vorteile der Online-Beratung

Das Internet ist ein modernes Informationsmedium, das inzwischen von den meisten Personen genutzt wird. Überall bekannt sind die sog. Sozialnetzwerke, in denen man ein Persönlichkeitsprofil erstellt, sich mit Freunden verlinkt, Nachrichten schreibt usw. Beruflich und privat wird das Internet bereits von den meisten Menschen verwendet. Es lässt sich also vermuten, dass eine recht große Erreichbarkeit der Beratungsangebote im Internet möglich ist.

Vor allem Jugendliche nutzen vermehrt Portale, die sich mit folgenden Themen befassen: „Vermeidung von übertragbaren Krankheiten, Anwenden von kontrazeptiven Mitteln, körperlichen, seelischen und sozialen Problemen von Jugendlichen in der Pubertät." Dabei werden immer häufiger Internetauftritte verwendet, wie „staatliche oder private Organisationen wie die BzgA (Bundeszentrale für gesundheitliche Aufklärung) oder Pro Familia". (Weissenrieder, 2006, S. 30)

Die Online-Beratung lässt sich raumungebunden, und bei E-Mail-Beratung und Selbsthilfe-Foren auch zeitungebunden durchführen. Das ist vor allem betriebswirtschaftlich interessant. Es lassen sich Kosten einsparen, da man das Uno-actu-Prinzip außer Acht lassen kann. Da raumungebunden gearbeitet wird, werden bei entfernt gelegenen Beratungsstellen dem Ratsuchenden Fahrt- und Zeitaufwand erspart. Durch den Ausbau der Breitbandkommunikation kann Online-Beratung flächendeckend angeboten werden. Auch kann die Online-Beratung Face-to-face-Angebote, die durch den Sozialabbau und Kürzungen wegfallen, möglicherweise auffangen und ausgleichen.

Ein weiterer Vorteil ist die Benutzung von Datenbanken für Routine-Fragen. Dadurch können BeraterInnen entlastet werden. (vgl. Gehrmann, 2009, S. 10ff)

Eine Besonderheit des Internets ist, dass ein Kontakt anonym erfolgen kann. Durch die Angabe von sog. Nicknames (Pseudonyme) muss der eigene Name nicht preisgegeben werden. Durch die Anonymität kann es vielen Ratsuchenden leichter fallen, sich an BeraterInnen zu wenden. Sie müssen niemandem „leibhaftig" gegenüber treten und Ein- und Ausstieg in/aus einer Beratungssituation können leichter erfolgen. (vgl. Klein in Handbuch Sexualpädagogik und sexuelle Bildung, Hrsg. Sielert, Schmidt, 2008, S. 718f)

4.2 Nachteile der Online-Beratung

Einige der Vorteile kann man gleichfalls als Nachteil empfinden. Die Anonymität, die es einer Person leichter macht, einen Kontakt herzustellen, erwirkt im virtuellen Gespräch viele Missverständnisse. Durch fehlende Gestik, Mimik und Stimmlage, die bekanntlich den viel größeren Teil der Kommunikation ausmachen als die Worte, muss immer wieder geprüft werden, ob das Geschriebene richtig verstanden wurde. Dieses ist noch einmal schwieriger, wenn der Austausch per E-Mail geschieht und nicht in einem Chat, in dem in Echtzeit nachgefragt werden kann.

Ein gravierender Nachteil der Online-Beratung ist der große Aufwand für den Datenschutz. Empfindliche Klientendaten und Dokumente müssen für Dritte unzugänglich gemacht werden. Zudem kann diese Art der Beratung nicht oder nur bedingt aufsuchend erfolgen.

Die Generation der Senioren ist bisher nicht ausreichend lohnend über das Internet zu erreichen. Sie sind ohne Computer aufgewachsen und haben auch in fortgeschrittenem Alter i.d.R. keine Verwendung für Computer und das Internet. (vgl. Gehrmann, 2009, S. 10ff)

5. Welche Chancen und Risiken für die sexualpädagogische Arbeit ergeben sich aus diesen Erkenntnissen?

Klassische Beratungsstellen werden von vielen Ratsuchenden vor allem dann nicht aufgesucht, wenn es sich um tabuisierte Themen handelt. Hier kann die Online-Beratung Ausgleich schaffen. Besonders Homosexualität und AIDS-Beratung sind aufgrund ihrer gesellschaftlichen Tabus thematische Vorreiter in der Online-Beratung. (vgl. Gehrmann, 2009, S. 10)

Das Internet ist eine gute Chance, Informationen kostenfrei und gut zugänglich zu bieten. Junge Menschen, vor allem Teenager, die die Sexualität neu entdecken und viele Fragen haben, sind über dieses Medium gut zu erreichen. Wir kennen die „Dr. Sommer"-Seiten aus Teenager-Zeitschriften. Die gleiche Art von Beratung ist für Internet-Portale, die von Jugendlichen besucht werden, denkbar und wird auch bereits angewandt. Die anonyme Frage wird, zusammen mit der von einem Spezialisten-Team erstellten Antwort, veröffentlicht.

Dadurch, dass die Kontakte zu den BeraterInnen anonym bleiben kann, ist es für viele KlientInnen sicherlich einfacher, ihre Anliegen zu formulieren und preiszugeben. Für eine niederschwellige Erstberatung und den Erstkontakt mit einer Beratungsstelle bietet das Internet gute Möglichkeiten. Foren zur Selbsthilfe, E-Mails und Chats mit BeraterInnen können Routine-Fragen und viele Probleme darüber hinaus klären und beantworten. Eindeutige Grenzen sind jedoch vorhanden. Viele sexualpädagogische Methoden sind nicht ins Internet übertragbar. Hier einige Beispiele:

Die Arbeit mit Babysimulatoren

Schwangerschafts- und Geburtsvorbereitungsgruppen

Medizinische Beratung, wenn Untersuchungen dazugehören

Sexualpädagogische Gruppenübungen, in denen spielerisch (Rollenspiele,

basteln,…) Themen der Sexualität gelernt und diskutiert werden

Und weitere…

Viele Situationen erfordern großes Fingerspitzengefühl, Einfühlungsvermögen und eine geeignete Umgebung, die über das Internet nicht möglich sind. Personen, die sich in Krisensituationen (ungewollte Schwangerschaft, HIV-Infektion, sexuelle Gewalt und Missbrauch, …) befinden, sind evtl. gut über das Internet angesprochen, und für den ersten Überblick möglicher Handlungsweisen informiert, aber sollten für eine intensive Beratung und gute Betreuung ihrem/r BeraterIn im persönlichen Gespräch begegnen. Zusammenfassend kann man sagen, dass die soziale Beratung, so auch die sexualpädagogische Beratung, keinesfalls komplett ins Internet übertragbar ist. Klar ist auch, dass noch viele Erfahrungen in diesem Feld zu sammeln und empirische Studien durchzuführen sind, um sich auf die zukünftige Nachfrage einstellen zu können.

Eine große Chance bietet das Internet aber sicher durch gute Angebote an Informationen, für die Beantwortung von Routine-Fragen und zur Herstellung eines Erstkontaktes. Face-to-Face-Beratungen können auch gut zeitweise durch den Kontakt über das Internet fortgesetzt werden

6. Ausblick

Arme und Ältere werden nur bedingt über das Internet erreicht und auch nicht alle Beratungsfelder schienen in einem gleichen Maße für die Online-Beratung geeignet zu sein. Wo also kann Soziale Arbeit ansetzen, um auch das Internet für seine Beratungsarbeit noch sinnvoller zu nutzen? (Gehrmann, 2009, S. 11)

Die Soziale Arbeit sollte sich angesichts der demografischen Veränderungen immer wieder betreffend der Internet-Angebote prüfen, reflektieren und auf den neuesten Stand bringen. Unbestritten ist, dass sich die Nachfrage nach Beratungsangeboten im Internet vermehren wird. Wenn die jungen Menschen von heute zur älteren Generation gehören, wird es kaum noch Menschen geben, die das Internet nicht kennen und nicht nutzen.

Durch Wirtschaftskrisen und Sozialabbau kann die Beratung im Internet zukünftig wegfallende Angebote kompensieren. Dabei ist zu beachten, dass die Professionalität nicht verloren geht und an den Computern pädagogisch geschultes Personal arbeitet. Reale und virtuelle Beratungsangebote sollten gut vernetzt arbeiten und nicht getrennt voneinander.

Außerdem stellen Veränderungen in der Gesellschaft, auch verursacht durch das neue Medium Internet, neue Aufgaben an die Sexualpädagogik. Internetsucht, speziell die Sucht nach Pornografie im Internet muss genauer beleuchtet werden. Aufklärung ist besonders wichtig für Jugendliche betreffend Internet-Chatrooms und Verabredungen über das Internet. Auch über den Datenschutz und das Veröffentlichen persönlicher Fotos muss gesprochen werden.

Auf die Frage „Würden Sie die Beratung per E-Mail (wieder) für dich nutzen?" antworteten fast 94% von 128 befragten Personen mit „Ja". (vgl. Gehrmann, 2009, S. 13)

Dieser eindeutige Trend sollte die zukünftige Beratungsarbeit grundlegend beeinflussen und entsprechend auf die Nachfrage eingestellt werden.

Literaturverzeichnis

Freund, R. Sexualpädagogische Beratung. In Schmidt, Sielert, (Hrsg.). Juventa. S. 623-637. 2008

Germann, Hans-Joachim. Beratung am PC. Sozial Extra ½. S. 10-13. 2009.

Klein, A. Virtuelle Beratung Jugendlicher. In Schmidt, Sielert, (Hrsg.). Juventa. S. 717- 724. 2008.

Nestmann, Engel, Sickendiek, (Hrsg.). Das Handbuch der Beratung, Band 1. S. 33-36. Dgtv Verlag Tübingen. 2004.

Sielert, U. Sexualerziehung und Sexualpädagogik in Deutschland. Bundesgesundheitsbl – Gesundheitsforsch – Gesundheitsschutz. S.68-77. 2007.

Weissenrieder. N. Jugendmedizin. Kapitel 4 : Sexualität. S.26-32. 2006.

Einzelbände

Jenny Camen: 40 Jahre Dr. Sommer & Co. Sexualerziehung in der BRAVO im Spiegel der Zeit, ISBN: 978-3-640-27091-0

Elisabeth Czok: Sexualerziehung im Wandel der Zeit, ISBN: 978-3-638-84377-5

Sabrina Gavars: Sexualpädagogik im Internet. Chancen und Risiken einer sexualpädagogischen Beratung im Internet, ISBN: 978-3-640-73983-7

Martina Schlund: Sexualpädagogik goes Web 2.0. Sexualpädagogik im Umgang mit sozial-online-vernetzten Jugendlichen, ISBN: 978-3-656-68275-2

Martin Wutstrack: Der Einfluss der modernen Pornographie auf das Sexual- und Selbstempfinden im 21. Jahrhundert, ISBN: 978-3-656-20570-8